Martin Luther

Briefe an Freunde und an die Familie

Martin Luther

Briefe an Freunde und an die Familie

Herausgegeben von Albrecht Beutel

Verlag C. H. Beck München

CIP-Kurztitelaufnahme der Deutschen Bibliothek

Luther, Martin:
Briefe an Freunde und an die Familie / Martin Luther.
Hrsg. von Albrecht Beutel. – München: Beck, 1987.
ISBN 3-406-32054-6

NE: Luther, Martin: [Sammlung]

ISBN 3-406-32054-6

Gesamtherstellung: Kösel, Kempten
Printed in Germany

Inhalt

Briefe

1 An Wenzeslaus Link

Wittenberg, 8. April 1523

Wenzeslaus Link, dem neuen Menschen und neuen Mann, dem Prediger zu Altenburg.

Gnade und Friede! Ich, Philippus[1], der Propst[2], Doktor Hieronymus[3], Pomeranus[4], unser Prior[5] und Jakob[6] und Joachim[7], wir werden gewiß kommen[8], wenn der Herr nicht einen von uns hindert, was wir nicht hoffen. Karlstadt[9] ist nicht zu Hause. Auch werden Hieronymus Krappe[10] und Meister Lukas[11] mitkommen. Ob außerdem die Frau des Propstes und die des Hieronymus mitkommen werden, ist bis jetzt noch nicht sicher.

Gestern habe ich aus dem Kloster Nimbschen[12] neun Nonnen aus der Gefangenschaft aufgenommen, unter ihnen die beiden Zeschauerinnen[13] und die Staupitz[14]. Leb wohl mit Deiner Braut im Herrn! Am 4. Tag nach Ostern 1523.

Dein Martinus Luther

1 Philipp Melanchthon (1496–1560) kam 1518 nach Wittenberg und wurde bald zu Luthers engstem Mitarbeiter und Freund. 2 Justus Jonas (1493–1555) kam 1521 als Propst des Allerheiligenstiftes nach Wittenberg. Er trat als Visitator, Verfasser von Kirchenordnungen und Übersetzer von Luthers Schriften hervor und führte 1541 in Halle/Saale die Reformation ein. 3 Hieronymus Schurf (1481–1554), einer der juristischen Räte Friedrichs des Weisen. 4 Johann Pomeranus (Bugenhagen) (1485–1558) wirkte seit 1523 als Stadtpfarrer in Wittenberg (ab 1535 auch als Professor für Theologie) und war ein enger Mitarbeiter, Freund und Seelsorger Luthers. Er übersetzte die Bibel sowie zahlreiche Lutherschriften ins Niederdeutsche und trat durch eine Reihe vorbildlich gewordener Kirchenordnungen (u. a. für Braunschweig, Hamburg, Pommern, Dänemark) hervor. 5 Eberhard Brisger (um 1490–1545), letzter Prior des Wittenberger Augustinerklosters, das er (zusammen mit Luther) 1525 Kurfürst Johann übergab. 6 Jakob Propst (gest. 1562) war Prior des Augustinerklosters in Antwerpen und studierte 1521 in Wittenberg. Kaum nach Antwerpen zurückgekehrt, wurde er zweimal verhaftet und floh im Juni 1522 von Brüssel aus nach

Wittenberg. 1524 wurde er Pfarrer, später Superintendent in Bremen. Mit Luther war er eng befreundet und stand mit ihm in stetem Briefwechsel. 7 Joachim Camerarius (1500–1574), Humanist, mit Melanchthon befreundet. 8 zu Links Hochzeit. 9 Andreas Bodenstein aus Karlstadt (um 1486–1541), Theologe an der Wittenberger Universität, war bereits 1517 auf die Seite Luthers getreten, ging dann aber mit radikalen Forderungen rasch über ihn hinaus. 10 Schwager Melanchthons (gest. 1563). 11 Lukas Cranach d. Ä. (1472–1553). 12 Zisterzienserinnenkloster bei Grimma. 13 Margarethe und Katharina (oder Veronika?) von Zeschau. 14 Schwester von Johann von Staupitz, der als Luthers Ordensvorgesetzter auch dessen geistlicher Vater gewesen war und ihn in dem von Rom angestrengten Ketzerprozeß nach Kräften zu schützen suchte, ohne sich jedoch selber der reformatorischen Bewegung anschließen zu können.

2 An Spalatin

Wittenberg, 10. April 1523

Gnade und Friede! Jene neun abtrünnigen Nonnen sind zu mir gekommen, ein elendes Volk, aber von ehrbaren Torgauer Bürgern gebracht, nämlich von Leonhard Koppe[1] und seinem Vetter und Wolf von Dommitzsch, so daß es hier keinen Grund zu Argwohn gibt. Sie jammern mich sehr, besonders aber auch die andern, die allenthalben in so großer Zahl durch diese verfluchte und unkeusche Keuschheit zugrunde gehen. Dies Geschlecht ist für sich selbst bei weitem zu schwach und von der Natur, ja von Gott an den Mann gebunden; es wird, wenn man es durch solche Grausamkeit abtrennt, zugrunde gerichtet. O welche Tyrannen, o welche grausamen Eltern und Verwandten in Deutschland! Aber du, Papst, und ihr, Bischöfe, wer flucht euch entsprechend? Wer kann eure Blindheit und Wut, die solches lehrt und fordert, genügend verwünschen? Doch ist hier dafür nicht der rechte Ort.

Du fragst, was ich mit ihnen tun werde? Zuerst werde ich den Verwandten bedeuten, sie mögen sie aufnehmen; wollen sie nicht, so will ich dafür sorgen, daß andere sie aufnehmen. Denn von etlichen ist mir eine Zusage gegeben worden, einige werde ich auch ehelich verbinden, wenn ich kann. Und dies sind ihre Namen: Magdalena Staupitz[2], Elsa von Canitz[3], Ave Groß[4], Ave Schönfeld und ihre Schwester Margaretha Schönfeld[5], Laneta von Golis[6], Margaretha Zeschau und ihre Schwester Katharina Zeschau[7], und Katharina von Bora[8]. Sie bedürfen wahrhaftig der Barmherzigkeit; in ihnen wird Christus gedient. Wunderlich genug aber sind sie entkommen[9].

Ich möchte aber auch Dich bitten, ein Werk der Liebe zu tun und für mich bei Deinen reichen Hofleuten etwas Geld zu erbetteln, mit dem ich sie etwa acht oder auch vierzehn Tage ernähren kann, bis ich sie alle ihren Verwandten oder meinen Zusagern übergeben habe. Denn meine Kapernaiten[10] nehmen durch die große Fülle des Wortes täglich so sehr zu, daß ich neulich auf meine Person nicht 10 Gulden geborgt bekommen konnte für einen bedürftigen Bürger. Die Armen, die gerne gäben, haben nichts; die Reicheren schlagen es ab oder lassen sich so schwer bewegen, daß sie entweder den Dank für das Gegebene bei Gott verlieren müssen oder mich um meine Freiheit bringen; aber das ist nichts Neues bei der Welt und ihrer Art. Ja, ich habe für mich als jährliche Einkunft nur neun alte Schock; außer diesen erhalten ich oder meine Brüder keinen einzigen Heller von der Stadt. Aber ich verlange es auch nicht von ihnen, damit ich dem Ruhm des Paulus nacheifere, wenn ich nur andere Kirchen beraube, um so meinen Korinthern umsonst zu dienen[11].

Noch etwas anderes habe ich so oft Dir schreiben wollen, doch ebenso oft vergessen. Mich wundert, weshalb unser Fürst[12], der doch weiß, daß bei seinem Bruder, Fürst Johann[13], solche Hausväter sind, die die Güter täglich mehr zugrunde richten, dort nicht den Sebastian Kötteritz[14] in Anspruch nimmt: einen Mann, der, wie er täglich mit Taten und Exempeln beweist, überaus geschickt ist in Verwaltungsdingen. Denn ich möchte, daß es dem Kötteritz geraten werde, weit mehr aber noch diesem fürstlichen Hof, daß vor allem der vortreffliche junge Mann, Fürst Johann Friedrich[15], der künftige Herrscher, durch irgendein herausragendes Beispiel lerne, für die Güter zu sorgen und die Betrügereien der Menschen besser zu durchschauen. Denn diejenigen, die jetzt dort regieren, spielen mir übel mit; sie werden reich, und der Fürst kommt immer mehr herunter. Sage dieses, bitte, in meinem Namen dem Fürsten. Denn ich wünsche sehr, daß jenem Ort durch einen solchen Mann geholfen werde, der fromm ist und geschickt dazu. Leb wohl und bete für mich! Wittenberg 1523, am 6. Tag nach Ostern.

Mart. Luther

1 Koppe (gest. 1552) war Ratsherr in Torgau gewesen und lebte nun, fast sechzigjährig, im Ruhestand, wurde aber noch öfter zum Schiedsrichter oder Rechtsbeistand gewählt. Er war Gutsbesitzer und Handelsherr und belieferte auch das Kloster Nimbschen mit Fastenspeisen und anderen Waren. Über seinen Verwandten Nikolaus von Amsdorf, einen der engsten Mitarbeiter Luthers, dürfte er mit dem Reformator bekannt geworden sein. 2 Magdalena von Staupitz blieb in Wittenberg und leitete ab 1529 die neugegründete Mädchenschule. Später verheiratete sie sich, starb aber kinderlos 1548. 3 Tochter des Hieronymus von Canitz auf Thallwitz bei Wurzen. Nach der Klosterflucht ging sie zu ihren Eltern zurück. 4 Tochter des Friedrich Groß auf Trebsen. Sie war von Kind auf im Kloster erzogen und ging nach der Flucht ebenfalls zu den Eltern. Später heiratete sie einen Hans Marx zu Schweinitz. 5 Sie konnten aus politischen Gründen nicht nach Hause zurück und blieben darum in Wittenberg. Luther scheint auf Ave ein Auge geworfen zu haben, die dann aber einen jungen Arzt heiratete. Auch ihre Schwester verheiratete sich. 6 Sie scheint im August 1523 geheiratet, ihren Mann aber schon im September verloren zu haben. Später wird sie als Gattin des Leisniger Pfarrers Heinrich Kind genannt. 7 Töchter des Heinrich von Zeschau auf Obernitzschka bei Trebsen. Sie fanden in Wittenberg bei Verwandten Aufnahme. 8 Sie wurde 1499 in Lippendorf im Kreis Borna geboren und kam fünfjährig ins Kloster. Im Juni 1525 verheiratet sie sich mit Luther. Vgl. auch die Angaben zu ihr als Briefempfängerin. 9 Koppe kam am Abend des 4. April 1523 mit einem Planwagen vor dem Kloster an und fuhr in der Nacht wieder davon. Wie er sich mit den Nonnen verständigt und sie befreit hat, ist nicht bekannt. Die Bemerkung eines Torgauer Chronisten, er habe sie „aus dem Kloster entführt, als führte er Heringstonnen“, hat zahllose, meist recht üppig wuchernde Fabeleien ausgelöst bis hin zu dem Fragment von Jochen Klepper: Die Flucht der Katharina von Bora, aus dem Nachlaß herausgegeben von Karl Pagel, 1978. 10 Anspielung auf Matth. 11,23. 11 Vgl. 2. Kor. 11,7f. 12 Friedrich der Weise (1463–1525) war seit 1486 Kurfürst von Sachsen. Er schützte Luther gegenüber Papst und Kaiser und hat so das Erstarken der Reformation nicht unwesentlich begünstigt. Gleichwohl hat er es bis zuletzt vermieden, sich offen zu Luthers Theologie zu bekennen. 13 Johann der Beständige (1468–1532), zunächst Mitregent, ab 1525 dann Nachfolger seines Bruders, des Kurfürsten Friedrich. Er war von Anfang an der Lehre Luthers zugeneigt und setzte sich nachhaltig für die Belange der Reformation ein. Nach seinem plötzlichen Tod hielt Luther die Leichenpredigt. 14 Er war zunächst Amtmann in Altenburg, dann in Bitterfeld und nahm 1528–1530 auch an den Visitationen teil. 15 Johann Friedrich I., der Großmütige (1503–1554), sächsischer Kurfürst seit 1532. Er entstammt der ersten Ehe Johanns des Beständigen mit Sophie von Mecklenburg und stand mit Luther von Kind auf in enger Verbindung.

3 An Hieronymus Baumgärtner

Wittenberg, 12. Oktober 1524

Hieronymus Baumgärtner, dem jungen Nürnberger, dem durch Frömmigkeit und Gelehrsamkeit Ausgezeichneten, seinem Geliebten in Christus.

Gnade und Friede im Herrn! Auch Dich, lieber Hieronymus, bin ich genötigt, wegen der großen Zahl an Armen in Anspruch zu nehmen. Dieser junge Mann, Gregorius Keser, erbittet irgendwo eine Stellung und hat von mir einen Brief gefordert an irgendeinen Nürnberger. Aber obwohl ich ihm wenig Hoffnung machte, weil ich weiß, daß es überall voll ist, habe ich ihn doch ziehen lassen in Gottes Namen, der auch die Raben nährt[1].

Wenn Du übrigens Deine Käthe von Bora halten willst[2], so handle bald, bevor sie einem andern zugeführt wird, der schon zur Hand ist[3]. Sie hat die Liebe zu Dir noch nicht verwunden. Ich würde mich sehr freuen, wenn ihr beide miteinander verbunden würdet. Leb wohl!

Wittenberg, 12. Oktober 1524. Martinus Luther

1 Lk. 12,24. 2 Baumgärtner hatte Katharina von Bora während eines Aufenthaltes in Wittenberg im Juni 1523 kennen- und liebengelernt. Diese Verbindung scheint dann aber nicht zuletzt am dünkelhaften Widerstand der Patrizierfamilie Baumgärtner gescheitert zu sein. 3 Kaspar Glatz (gest. 1551); er war im Vorjahr in Wittenberg zum Doktor der Theologie promoviert worden. Katharina von Bora wehrte sich entschieden – und erfolgreich! – gegen eine dann auch von Luther befürwortete Verbindung mit Glatz.

4 An Spalatin

Wittenberg, 16. April 1525

Herrn Georg Spalatin, dem Diener Christi am sächsischen Hof, seinem im Herrn geliebten Bruder.

Gnade und Friede! Ich habe unseren Lukas[1] alles angewiesen, daß er dem Praeceptor 100 Exemplare[2] schicken lassen soll. Denn ich gehe zu dieser Stunde nach Eisleben mit Philippus und Magister Eisleben[3], wohin wir von Graf Albrecht[4] gerufen worden sind, um eine christliche Schule einzurichten, da ihr so halbherzig seid und die unsere vernachlässigt. Ich beginne zu wünschen und zu besorgen, daß Philippus in Nürnberg eine entsprechende anfängt[5]. Die Magdeburger haben Caspar Cruciger[6] berufen, die Danziger Magister Arnold[7]. So werden wir zerstreut, und unsere Schule[8] fällt auseinander. Was ich sein werde, weiß ich nicht. Aber ich weiß, daß Du in dieser Sache ohne jede Schuld bist. Der Teufel allein ist darin.

Im übrigen, was Du von meiner Ehe schreibst, so braucht es Dich nicht zu verwundern, daß ich nicht heirate, der ich ein so verrufener Liebhaber bin. Das ist wunderlicher, daß ich, der ich so viel von der Ehe schreibe und mich so unter Frauen mische, nicht schon längst eine Frau geworden bin, geschweige denn, daß ich noch keine geheiratet habe. Aber wenn Du mein Exempel erbittest, siehe, so hast Du ein überaus kräftiges. Denn ich habe drei Frauen[9] zugleich gehabt und so sehr geliebt, daß ich zwei verloren habe, die andere Freier annehmen mögen. Die dritte, die ich kaum zur linken Hand halte[10], soll mir vielleicht auch bald entrissen werden. Du aber, träger Liebhaber, wagst nicht einmal, der Gatte einer einzigen zu werden. Aber sieh zu, daß es nicht so weit kommt, daß ich, der ich einer Heirat ganz abgeneigt bin, nicht am Ende Euch so bereitwilligen Freiern zuvorkomme, wie Gott das zu wirken pflegt, was man am wenigsten verhofft. Das sage ich, um Dich im Ernst zu dem zu drängen, was Du vorhast. Leb wohl, lieber Spalatin. Am Ostertag 1525.

Martinus Luther

1 Lukas Cranach d. Ä. (1472–1553). 2 „Eine christliche Schrift an H. Wolfgang Reißenbusch ... sich in den ehelichen Stand zu begeben", 1525 (WA 18, 270–278). 3 Johann Agricola (Schneider, Schnitter) (um 1499–1566), Schulmeister in Eisleben, Schüler Luthers und nachmaliger Hofprediger in Berlin sowie Generalsuperintendent der Mark Brandenburg. 4 Albrecht VII. (1486–1560), Graf von Mansfeld. Er bekannte sich schon früh zur Reformation und ließ sich von Luther mehrfach in politischen und auch persönlichen Angelegenheiten beraten; zuletzt im Februar 1546, als Luther bei solcher Gelegenheit in Eisleben stirbt. 5 Im Oktober 1524 hatte man Melanchthon die Stelle des Rektors und Professors der Rhetorik am neuen Gymnasium angeboten. Weitere Rufe folgten. 6 Cruciger (1504–1548) wurde 1525 Rektor der Stadtschule und Prediger in Magdeburg, kam aber schon 1528 als Professor nach Wittenberg und arbeitete dann vor allem bei der Übersetzung des Alten Testaments eng mit Luther

zusammen. 7 Arnold Burenius (Warwick), studierte von 1518–1520 in Wittenberg und wurde von Luther nach Danzig entsandt, um die Leitung einer humanistischen Schule zu übernehmen. 8 Die Wittenberger Universität. 9 Luther denkt wahrscheinlich an Ave Alemann (sie nennt er einmal sogar seine Braut!) und Ave Schönfeld, als dritte könnte Katharina von Bora gemeint sein. 10 Eine ‚Ehe zur linken Hand' bedeutet ein gesetzlich anerkanntes Konkubinat.

5 An Johann Rühel

Seeburg, 4.(5.?) Mai 1525

Gnade und Friede in Christo! Achtbar, lieber Herr Doktor und Schwager! Auf Euer neue Zeitung, zur Letze[1] mir gezeiget, hab ich diesen Weg bisher[2] immer gedacht, daß ich auch muß von hinnen davon schreiben. Und bitt erstlich, daß Ihr meinen gnädigen Herrn, Graf Albrecht, nicht helfet weich machen in dieser Sachen, sondern laßt gehen, wie Sein Gnad hat angefangen, obwohl der Teufel darüber zorniger und wütger wird durch seine besessene Glieder; denn hie ist Gottes Wort, das nicht leuget, welches spricht Röm. 13[3]: Er träget das Schwert nicht umsonst etc., daß nie kein Zweifel ist, sein Grafenstand sei von Gott verordent und befohlen; derhalben Sein Gnad desselbigen brauchen soll zur Strafe der Bösen, solange eine Ader sich reget im Leibe. Wird's Seiner Gnaden mit Gewalt aus der Hand geschlagen, so soll man's leiden und Gott heimgeben, der es zuvor gegeben hat und wieder nehmen mag, wenn und womit er will.

Daß also mit gutem Gewissen dem Stande mag Folge und Anhang geschehen bis in den Tod, um Gottes Worts willen, welchs denselben also hat verordenet, solange es währet, gleichwie von keinem andern guten Werk jemand soll ablassen, es werde ihm denn mit Gewalt niedergeschlagen, und im Streit niemand soll von seinem Vorteil weichen oder zu streiten ablassen, er werde denn uberwältiget.

Denn obgleich der Baurn noch mehr tausend wären, so sind es dennoch allzumal Räuber und Mörder, die das Schwert aus eigener Durst[4] und Frevel nehmen und wollen Fürsten, Herrn und alles vertreiben, neu Ordnung machen in der Welt, des sie von Gott weder Gebot, Macht, Recht noch Befehl haben, wie es Herrn itzt haben. Dazu sind sie treulos und meineidig an ihren

Herrn. Über das führen sie zu Schanden und Unehren, zu ihren solchen großen Sünden, den Namen göttlichs Worts und Evangelii, daß, wenn ihnen Gott aus Zorn gleich verhänget[5], mit der Tat, ohn alles Recht und Befehl Gottes, ihr Furnehmen auszuführen, so mußt man's leiden, als wenn sonst jemand Unrecht leidet oder leiden muß und doch nicht drein verwilliget, daß sie recht dran täten.

Ich hoffe aber noch fest, es soll keinen Fürgang oder je[6] keinen Bestand haben, wiewohl Gott durch die allerverzweifeltsten Leute zuweilen die Welt plagt, wie er mit den Türken getan hat und noch tut[7].

Daß sie aber furgeben, niemand zu beschädigen noch Leide tun, ist des Teufels Spott. Heißt das nicht Schaden tun: Herrn verjagen und totschlagen? Wollen sie niemand schaden, warum sammlen sie sich denn und gebieten, man soll ihrem Furnehmen weichen? Niemand Schaden tun und doch alles nehmen – so tät der Teufel auch wohl, wenn man ihn ließe machen, wie er wollt, und schadet niemand.

Auch ist das keine Ursache, daß sie Herrn vertreiben wollen, denn lauter Mutwillen. Warum bessert man's nicht, was böse dran ist? Man sehe der Schweizer[8] Regiment an, welchs auch so angefangen hat und ärger ist, denn es je gewesen ist, und noch keine Furcht noch Zucht, sondern eitel Kriegsvolk drinnen ist. Summa: Will Gott seinen Zorn lassen über uns gehen und Deutschland verwüsten, so sind die Gottesfeinde und Lästerer, Räuber und Mörder, als diese treulose und meineidige Baurn, gut dazu. So leiden wir's und heißen sie Herrn, wie die Schrift den Teufel Fürsten und Herrn heißt[9]. Aber Gott behüte alle fromme Christen, daß sie der keins verwilligen noch anbeten, wie er Christum versuchet Matth. 4, sondern widerstehen mit Munde und Händen, solange man immer kann, und sterbe drüber im Namen Gottes.

Erbieten sie sich, niemand zu beschädigen, wo wir nur ihnen weichen, so erbieten wir uns wieder, ihnen zu weichen und, so es sein muß, bekennen, daß sie als die treulosen, meineidige Gotteslästerer und Räuber über uns herrschen, daß sie kein Recht von Gott, sondern eitel Eingeben vom Fürsten der Welt haben, wie er sich rühmet Matth. 4[10], er habe aller Welt Gewalt und Ehre und gebe es, wem er will. Das ist beides wahr, wo Gott verhängt[11] und nicht wehret.

Und ich (als dem es auch gilt, denn der Teufel will mich schlecht[12] tot haben) merke das wohl, daß er zornig ist, daß er bisher weder mit List noch mit Macht etwas hat vermocht, und denkt, er wolle mein los werden, und sollt er sein Höchstes versuchen und die ganze Welt ineinandermengen, daß ich schier gläube und mich fast dünkt, ich sei des Teufels Ursache, daß er solchs zuricht in der Welt, damit Gott die Welt plage.

Wohlan, komm ich heim, so will ich mich mit Gottes Hilfe zum Tode schicken und meiner neuen Herrn, der Mörder und Räuber, warten, die mir sagen, sie wollen niemand nichts tun – gleichwie jener Straßenräuber tat, der zu dem guten Fuhrmann sprach: „Ich will dir nichts tun, gib mir aber, was du hast und fahre, wie ich will; wo nicht, so sollt du sterben". O eine schöne Unschuld! Wie schöne schmückt der Teufel sich und seine Mörder! Aber ehe ich wollt billigen und rechtsprechen, was sie tun, wollt ich ehe hundert Hälse verlieren[13], daß mir Gott helfe mit Gnaden.

Und kann ich's schicken, ihm zum Trotz, will ich meine Käthe noch zur Ehe nehmen, ehe denn ich sterbe, wo ich höre, daß sie fortfahren. Ich hoffe, sie sollen mir doch nicht meinen Mut und Freude nehmen. Daß sie aber nicht müntzerisch[14] sollten sein, das gläube ihnen ihr eigen Gott und sonst niemand. Sölchs schreibe ich Euch, daß ihr auch getrost seid und andere tröstet und sonderlich meinen gnädigen Herrn, Graf Albrechten.

Haltet an, daß Seine Gnade nur frisch fortfahre, gebe Gott die Sachen heim und tue seinem göttlichen Befehl, das Schwert zu führen, gnug, solange er immer kann; das Gewissen ist doch hie sicher, ob man gleich muß druber zu Boden gehen. Und wiederum, ob jene gleich die Fürsten strafeten und vertilgeten und darinnen Gottes Zorn dieneten, so würde er ihnen doch das höllische Feuer zu Lohn geben. Es ist eine kurze Zeit, so kömmet der rechte Richter, der beide, sie und uns, finden wird: uns mit Gnaden, so wir ihren Gewalt und Frevel leiden, sie mit Zorn, daß sie das Schwert selbst nehmen, durch welches sie auch werden umkommen, wie Christus schon solch Urteil gefället hat, Matth. 26[15]. Es kann doch ihr Tun und Sieg nicht bleiben noch lange bestehen. Grüßet mir Euer liebe Riebe[16]! Gegeben zu Seeburg am Donnerstag nach Misericordias Domini anno 1525.

D. Martinus Luther

1 zuletzt. 2 unterwegs hierher. 3 Vers 4. 4 Vermessenheit. 5 zuläßt. 6 wenigstens. 7 Unter Sultan Suleiman II. unterwarfen die Türken in der Schlacht bei Mohács (1526) die Ungarn, 1529 standen sie vor Wien. Die „Türkengefahr" war im allgemeinen Bewußtsein des beginnenden 16. Jahrhunderts tief verwurzelt und wurde nicht nur als eine militärische und politische, sondern vor allem auch als eine religiöse Bedrohung empfunden. 8 Im Text steht nur das Kürzel ‚S.', das allgemein und wohl zutreffend als ‚Schweizer' gelesen wird. 9 Joh. 14,30; Eph. 6,12. 10 Vers 8f. 11 zuläßt. 12 schlicht, schlechterdings. 13 hundertmal geköpft werden. 14 Anhänger Thomas Müntzers (um 1490–1525), der als Hauptvertreter des sogenannten linken Flügels der Reformation gilt. 15 Vers 52. 16 ‚Riebe' ist bei Luther doppelsinnig und kann sowohl ‚Rippe' (vgl. 1. Mose 2,21) als auch ‚Rebe' meinen.

6 An Johann Rühel

Wittenberg, 3. Juni 1525

Dem achtbarn, hochgelahrten Herrn Johann Rühel, der Rechten Doktor, meinem günstigen Herrn und freundlichen lieben Schwager.

Gnade und Friede in Christo! Ich sende Euch, lieber Herr Doktor und Schwager, Euer Kopei und Abschrift des Briefs, so ich an meinen gnädigen Herrn[1], den Kardinal zu Halle, geschrieben, welche, so sie Seiner Kurfürstlichen Gnaden gefällt, ich wohl leiden mag, daß sie durch weiter Abschrift oder Druck ausgebreitet werde, doch nicht, ehe denn meine Handschrift Seiner Kurfürstlichen Gnaden uberantwort und Ihr von derselben Seiner Kurfürstlichen Gnaden merkt, daß sie ihr gefalle, wenn Ihr dahin kommet.

Und ob Seine Kurfürstlichen Gnaden abermal würde sagen, wie ich zuvor auch gehöret hab, warum auch ich nicht nähme, der ich jedermann dazu reize, sollet Ihr antworten, daß ich immer noch gefürchtet, ich sei nicht tüchtig genug dazu. Doch wo meine Ehe Seiner Kurfürstlichen Gnaden eine Stärkung sein möchte, wollt ich gar bald bereit sein, Seiner Kurfürstlichen Gnaden zum Exempel vorherzutraben[2], nachdem ich doch sonst im Sinne bin, ehe ich aus diesem Leben scheide, mich in dem Ehestande finden zu lassen, welchen ich von Gott gefodert achte, und sollt's nicht weiter denn eine verlobte Josefsehe sein.

Hiemit dem lieben Gott befohlen. Grüßet mir Eure Heva[3] mit ihren Jüngern! Am Pfingstabend anno 1525.

Martinus Luther

1 Albrecht von Preußen (1490–1568), Markgraf von Brandenburg-Ansbach, letzter Hochmeister des Deutschen Ordens. Er suchte seit 1523 Luthers Rat und wandelte 1525 das Ordensland Preußen in ein weltliches Herzogtum um. Kurz darauf führte er dort offiziell die Reformation ein.
2 Albrecht folgte dem Exempel rasch und verheiratete sich am 1. Juli 1526 mit Dorothea von Dänemark. 3 Eva.

7 An Johann Rühel, Johann Thür und Kaspar Müller

Wittenberg, 15. Juni 1525

Dem achtbaren, hochgelahrten, ehrbarn und fursichtigen Johann Rühel, der Rechten Doktor, Johann Thür[1], Kaspar Müller[2], Kanzler, meinen lieben Herrn und Freunden sämtlich und sonderlich.

Gnade und Friede in Christo! Welch ein Zetergeschrei, lieben Herren, hab ich angericht mit dem Büchlin wider die Bauren![3] Da ist alles vergessen, was Gott der Welt durch mich getan hat. Nun sind Herrn, Pfarren, Bauren, alles wider mich und dräuen mir den Tod.

Wohlan, weil sie denn toll und töricht sind, will ich mich auch schicken, daß ich fur meinem Ende im Stande, von Gott erschaffen[4], gefunden und nichts meines vorigen papistischen Lebens an mir behalten werde, so viel ich kann, und sie noch töller und törichter machen, und das alles zur Letze[5] und Ade. Denn es mir selbst ahnt, Gott werde mir einmal zu seiner Gnade helfen.

So hab ich auch nu aus Begehrn meines lieben Vaters[6] mich verehlicht und um dieser Mäuler willen, daß nicht verhindert würde, mit Eile beigelegen[7]; bin willens, auf Dienstags uber acht Tage, den nähesten nach Sankt Johannis Baptistae, ein kleine Freude und Heimfahrt[8] zu machen. Solchs habe ich Euch als guten Freunden und Herrn nicht wollen bergen und bitte, daß Ihr den Segen helft drüber sprechen.

Und dieweil die Läufte also stehen und gehen itzt in den Landen, hab ich nicht turst[9], Euch dazu bitten und zu fodern zu erscheinen. Wo Ihr aber von gutem Willen selbst wolltet oder künntet samt meinem lieben Vater und Mutter[10] kommen, müget Ihr selbst wohl ermessen, daß mirs eine besondere Freude wäre; und was Ihr mitbrächtet von guten Freunden zu meiner Armut, wäre mir lieb, ohne[11] daß ich bitte, mich solchs bei diesem Boten zu verständigen.

Ich hätte auch meinen gnädigen Herrn, Graf Gebharden und Albrecht[12] davon geschrieben, habs aber nicht türen[13] wagen, weil ihr Gnaden anders denn mit mir zu tun haben. Ist aber vonnöten, was drinnen zu tun und Euch gut dünkt, bitte ich, Euer Bedenken mir zu eröffnen. Hiemit Gott befohlen, Amen. Zu Wittenberg am Donnerstag nach Trinitatis 1525.

Martinus Luther

1 Johann Thür (1482 bis nach 1540), stand seit 1520 im Dienst der Grafen von Mansfeld und war mit Luther befreundet. 2 Kaspar Müller (gest. 1546), Kanzler der Grafen von Mansfeld. Luther hat ihn später zum Paten für seinen Sohn Johannes gebeten. 3 „Wider die räuberischen und mörderischen Rotten der Bauern", 1525 (WA 18,344–361). 4 im Ehestand. 5 zuletzt. 6 Hans Luther (um 1458–1530); er stammte aus Möhra und zog 1483 nach Eisleben (dort wurde Martin Luther geboren), 1484 weiter nach Mansfeld, wo er, als Hüttenmeister beschäftigt, 1497 Ratsherr und 1520 Mitglied des inneren Rates wurde. 7 die Ehe nach gültigem Recht vollzogen (am 14. Juni). 8 festliche Übersiedlung der Braut in das Haus ihres Bräutigams. Diese Feier fand am 27. Juni statt. 9 gewagt. 10 Margarethe Luther (um 1463–1531); sie stammte aus Möhra. 11 nur. 12 Gebhard VII. und sein Bruder Albrecht VII., Grafen von Mansfeld. 13 dürfen.

8 An Spalatin

Wittenberg, 16. Juni 1525

Herrn Georg Spalatin, dem Diener Gottes, seinem Bruder in Christus.

Gnade und Friede! Ich habe das Maul gestopft denen, die mich mit Katharina Bora verleumdet haben, lieber Spalatin. Wenn es vorangehen soll, um ein Festmahl zu bereiten für das öffentliche Zeugnis dieser meiner Heirat, so mußt Du nicht allein dabei sein, sondern auch mithelfen, vornehmlich wenn es an Wildbret fehlen sollte[1]. Inzwischen segne uns und wünsche uns Glück!

Ich habe mich durch diese Heirat so verächtlich und gering gemacht, daß die Engel, wie ich hoffe, lachen und alle Teufel weinen mögen. Die Welt und ihre Klugen verstehen dieses fromme und heilige Werk Gottes noch nicht und machen es an meiner Person gottlos und teuflisch. Umso mehr gefällt mir darum, daß durch meine Heirat ihr Urteil verdammt und umgestoßen wird, wie viele auch immer damit fortfahren, Gott nicht zu kennen. Leb wohl und bete für mich! Wittenberg, am 6. Tag nach Trinitatis 1525.

Martinus Luther

Beachte den Brief des Königs von Dänemark[2] an mich.

1 Dieselbe Bitte richtete Luther am 21. Juni an Hans von Dolzig; siehe Nr. 12 in dieser Ausgabe. 2 Christian II. (1481–1559) hatte Luther am 20. Mai mitgeteilt, daß auch in Dänemark viele Bürger und Bauern unter der Tyrannei der Bischöfe litten und ihn zurückersehnten.

9 An Leonhard Koppe

Wittenberg, 17. Juni 1525

Gnad und Fried in Christo! Diesen Klagebrief und elende Schrift[1] lasse ich Euch lesen, würdiger Vater Prior, ob Ihr nicht jemand wüßtet, der dazu helfen könnte; denn ich wohl besorge, es sei Euer Person zu hoch und zu viel. Wo Ihr aber nicht wisset, so schafft mir den Brief wieder, daß ich anderswo suche Hilfe und Rat, denn es jammert mich der elenden Kinder[2].

Ihr wisset auch, was mir geschehen ist, daß ich meiner Metze[3] in die Zöpfe geflochten bin. Gott hat Lust zu wundern, mich und die Welt zu närren und äffen. Grüßet mir Euer Audi[5], und schicket Euch, wenn ich das Prandium gebe[6], daß Ihr meiner Braut helft gut Zeugnis geben, wie ich ein Mann sei. Hiemit Gott befohlen! Zu Wittenberg am Sonnabend nach Trinitatis 1525.

Martinus Luther D.

1 Diese Klageschrift ist nicht erhalten. 2 Die Anrede des Bürgers und Kaufmanns Koppe als „würdiger Vater Prior“ spielt auf seine Mithilfe bei der

Flucht der neun Nonnen aus dem Kloster Nimbschen an. Entsprechend dürften hier mit den „elenden Kindern“ ebenfalls ausgetretene (und damit schutz- und hilflose) Nonnen gemeint sein. 3 Koseform von ‚Mädchen‘. 4 Wunder zu tun. 5 Unbekannt. 6 Zweites Frühstück, das etwa zur Mittagszeit eingenommen wird.

10 An Michael Stifel

Wittenberg, 17. Juni (?) 1525

Gnade und Friede. Ich schicke Dir die Bittschriften zurück, lieber Michael, von meiner Hand versiegelt, so gut ich es vermochte. Bete Du für mich, daß Gott meinen neuen Lebensstand segne und heilige. Denn die Klüglinge sind mächtig erzürnt, auch unter den Unseren[1]. Sie müssen erkennen, daß die Ehe Gottes Werk sei, aber die Larve meiner wie auch des Mädchens Person[2] macht sie rasend und läßt sie gottlos denken und reden. Aber der Herr lebt; er ist größer in uns als der, der in der Welt ist[3], und mehr sind mit uns als mit jenen[4]. Lebe wohl in Christus, und der Herr gebe Deinem Weg und Werk das Gelingen. Denn er selbst, der Waisen Vater und Richter der Witwen[5], hat gesagt: Ich will dich nicht verlassen noch versäumen[6], damit wir getrost sagen können: Der Herr ist mein Helfer, ich will mich nicht fürchten, was sollte mir ein Mensch tun[7]. Empfehle mich Deinem Herrn[8]. Wittenberg, am Samstag nach Trinitatis 1525.

Martinus Luther

1 Beispielsweise Melanchthon. 2 Die monastische Vergangenheit der beiden. 3 1. Joh. 4,4. 4 2. Kön. 6,16. 5 Ps. 68,6. 6 Hebr. 13,5, Jos. 1,5 zitierend. 7 Hebr. 13,6, Ps. 118,6 zitierend. 8 Christoph Jörger (1502–1578).

11 An Wenzeslaus Link

Wittenberg, 20. Juni 1525

Gnade und Friede. Ich weiß, lieber Wenzeslaus, daß mein Büchlein wider die Bauern und Bäuerischen[1] mächtigen Anstoß erregt, was mich herzlich freut, und wenn es diese nicht ärgerte, so würde es mich ärgern. Die dieses Büchlein verdammen, offenbaren damit, was sie bisher im Evangelium gesucht haben. Dennoch wundert mich, warum nicht manche Klüglinge sich des ganzen Büchleins insgesamt angenommen haben, weil es sich selbst doch genügend erklärt, von welchen Bauern und auch von welchen Obrigkeiten es redet. Aber die es nicht verstehen wollen, sollen es auch nicht verstehen, und die es nicht wissen wollen, sollen es auch nicht wissen; es ist genug, daß mein Gewissen Christus gefällt. Für den Apotheker[2] habe ich sehr gewissenhaft getan, was ich konnte.

Mein Herr hat mich plötzlich, während ich ganz andere Gedanken hatte, wunderbar in die Ehe geworfen mit Katharina Bora, jener Nonne. Das Festmahl werde ich, wenn ich kann, am dritten Tag nach Johannis geben. Ich will aber nicht, daß Du Dich in Ausgaben stürzest, sondern spreche Dich, anstatt Dich einzuladen, von der üblichen Gabe eines Bechers frei, im Einverständnis mit meiner Herrin[3]. Wenn Du aber doch kommst, will ich, daß Du keineswegs einen Becher oder sonst etwas mitbringst und nur zu diesem Werk Gottes mir Gutes erbittest, für das ich geschmäht und gelästert werde. Leb wohl und bete für mich. Wittenberg, am 3. Tag nach Viti 1525.

Martinus Luther

1 Anhänger und Sympathisanten der Bauern. 2 Sebald Nebe war 1500 in Leipzig immatrikuliert, 1506 in Wittenberg zum Magister promoviert worden und hatte 1517 in Altenburg eine Apotheke eröffnet. Später wurde er Leibarzt des Kurfürsten. Worauf sich Luther in diesem Brief bezieht, ist nicht bekannt. 3 Das ist durchaus keine taktlose Anspielung auf die bescheidenen Verhältnisse des Freundes, vielmehr die liebenswürdige Aufforderung, ihn anstatt durch das übliche Hochzeitsgeschenk mit dem eigenen Kommen zu beglücken.

12 An Hans von Dolzig

Wittenberg, 21. Juni 1525

Dem gestrengen und festen Johann Dolzig, Marschall zu Sachsen, meinem gonstigen Herrn und guten Freunde.

Gnade und Fried in Christo! Gestrenger, ehrnfester, lieber Herr und Freund! Es ist ohn Zweifel mein abenteuerlich Geschrei[1] fur Euch kommen, als sollt ich ein Ehemann worden sein. Wiewohl mir aber dasselbige fast[2] seltsam ist und selbst kaum glaube, so sind doch die Zeugen so stark, daß ich's denselben zu Dienst und Ehren glauben muß, und furgenommen, auf nähisten Dienstag mit Vater und Mutter samt andern guten Freunden in einer Collation[3] dasselbe zu versiegeln und gewiß zu machen. Bitte derhalben gar freundlich, wo es nicht beschwerlich ist, wollet mich treulich beraten mit eim Wildbret[4] und selbst dabei sein und helfen, das Siegel aufdrucken mit Freuden und was dazu gehoret. Hiemit Gott befohlen, Amen. Am Mittwochen nach Viti oder Fronleichnam 1525. Martinus Luther

1 Gerücht. 2 sehr. 3 kleine Mahlzeit. 4 Dieselbe Bitte hatte Luther am 16. Juni an Spalatin gerichtet; siehe Nr. 8 in dieser Ausgabe.

13 An Leonhard Koppe[1]

Wittenberg, 21. Juni 1525

Dem vorsichtigen und weisen Leonhard Koppen, Bürger zu Torgau und Prior in der Aue, meinem lieben Herrn und Freunde.

Gnad und Fried in Christo! Würdiger Herr Prior[2] und Vater! Es hat mich Gott gefangen plötzlich und unvorsehens mit dem ...[3] Bande der heiligen Ehe, daß ich dasselbige muß bestätigen mit einer Collation[4] auf den Dienstag. Daß nu mein Vater und Mutter und alle gute Freunde deste frohlicher sein, läßt Euch mein Herr Katherin und ich gar freundlich bitten, daß Ihr uns zum guten Trunk ein Faß des besten torgauischen Biers, so Ihr bekommen mugt, wollet anher auf mein Kost und aufs Allerfoderlichste hieher fuhren lassen. Ich will Fuhr-Lohn und alles redlich geben. Ich wollte wohl Fuhre geschickt haben, wußte aber nicht, ob ich's treffen würde, denn es muß ausruhig und kühle werden, daß es wohl schmecke, und setze die Straf darauf, wo es nicht gut ist, daß Ihr's allein sollt aussaufen. Zudem bitt ich, daß Ihr zusamt Euer Audi[5] nicht wollet außenbleiben und frohlich erscheinen. Magister Gabriel[6] mit seinem Weibe sollt Ihr mitbringen, sofern es ihm ahn Kost[7] zu tun ist. Denn ich weiß wohl, daß seines Gutes nicht viel mehr ist denn meines, darum wollt ich ihm insonderheit nicht schreiben, wiewohl er mein vergessen hätte. Hiemit Gott befohlen, Amen. Am Mittwoch nach Fronleichnam oder Viti anno 1525.

Martinus Lutherus

1 Die Echtheit dieses Briefs ist umstritten. Die Vermutung G. Bebermeyers, der Brief sei von einem Gegner Luthers gefälscht, „der auch bei dieser Gelegenheit hämisch betonen wollte, daß Luther einem ‚guten Trunk' nicht abgeneigt war" (WAB 3,538), erscheint mir wenig plausibel. 2 Siehe Brief 9, Anm. 1 in dieser Ausgabe. 3 Die Abschrift des Briefes hat hier ein nicht zu entzifferndes Wort. 4 kleine Mahlzeit. 5 Unbekannt. 6 Gabriel Zwilling (Didymus) (um 1487–1558) war Pfarrer und Superintendent in Torgau. 7 ohne Kosten.

14 An Spalatin

Wittenberg, 21. Juni 1525

Herrn Georg Spalatin, dem Diener Christi, seinem im Herrn geliebten Bruder.

Gnade und Friede im Herrn! Mein und meiner Katharina Festmahl wird am nächsten dritten Wochentag sein, das heißt, nach dem Fest Johannes des Täufers, zu dem ich, um zu sehen, ob Du mir ernstlich gratulierst zu meiner Hochzeit, Dich einlade, lieber Spalatin, und bitte, Du mögest nicht fehlen. Ich habe auch an den Marschall[1] geschrieben wegen des Wildbrets und ihn zugleich eingeladen; bemühe Dich bitte, damit etwas erreicht werde.

Ich schicke den Brief des Königs von Dänemark zurück[2]. Aber von den Büchern des Königs von England weiß ich nichts. Ich will auch beten, so viel ich kann, und zu seiner Zeit schreiben: jetzt ging es nicht. Erinnere Du daran, wenn Muße und die Gelegenheit eines Botens gegeben sind. Leb recht wohl und bete für mich! Wittenberg, am 4. Tag nach Viti 1525.

Martinus
Luther

1 Hans von Dolzig; siehe Nr. 12 in dieser Ausgabe. 2 Christian II. scheint neben seinem Brief an Luther (siehe dazu Nr. 8, Anm. 2 in dieser Ausgabe) auch an den Kurfürsten oder an Spalatin geschrieben und von antilutherischen Büchern, die unter Heinrichs VII. Namen ausgegangen sind, berichtet zu haben.

15 An Nikolaus von Amsdorf

Wittenberg, 21. Juni 1525

Gnade und Friede im Herrn! Schon wurde für mich ein Bote gesucht, der diesen Brief zu Dir bringe, lieber Amsdorf, und siehe, da wird mir der Deine gebracht. Und das Gerücht ist wahr, daß ich mit Katharina schnell verheiratet worden bin, bevor ich böse Zungen hören muß, die mich lärmend bedrängen, wie es zu gehen pflegt. Denn ich hoffe, noch kurze Zeit zu leben, und habe diesen letzten Gehorsam gegen meinen Vater, der dies fordert in der Hoffnung auf Nachkommenschaft, nicht verweigern wollen, zugleich auch, um durch die Tat zu bekräftigen, was ich gelehrt habe; so viele Kleinmütige finde ich bei so hellem Licht des Evangeliums. So hat es Gott gewollt und getan. Denn ich stehe nicht in hitziger Liebe und Leidenschaft gegen meine Frau, aber ich habe sie sehr gern. Deshalb werde ich am nächsten Dienstag als Zeugnis meiner Heirat ein Festmahl geben, bei dem meine Eltern dabei sein werden. Ich wollte deshalb, daß Du auf alle Fälle dabei seist. Darum, wie ich beschlossen habe, Dich einzuladen, so lade ich Dich nun ein und bitte Dich, nicht auszubleiben, wenn Du irgend kannst.

Das Gerücht über den Kurfürsten[1] dagegen ist falsch, aber Meiningen, Mellrichstadt, Neustadt, Münnerstadt mit anderen zehn Städten haben sich der Gnade des Kurfürsten ausgeliefert, und dieser hat dort dafür zu sorgen, daß alles friedlich geordnet werde. Sicher ist, daß in Franken elftausend Bauern, auf drei Orte verteilt, erschlagen sind, 61 gute Geschütze eingenommen, die Würzburger Burg befreit ist. Der Markgraf Kasimir[2] wütet sehr unter den Seinen, weil sie zweimal die Treue gebrochen haben. Im Herzogtum Württemberg sind sechstausend niedergemacht, anderswo in Schwaben, an verschiedenen Orten, zehntausend. Man sagt, der Herzog von Lothringen[3] habe im Elsaß zwanzigtausend getötet. So werden überall die armen Bauern erschlagen. Schon läßt sich absehen, was die Bamberger zu erleiden haben. Aber dennoch fahren sie mit Aufständen fort im Breisgau und in der Grafschaft Tirol, so daß von Innsbruck bis nach Trient alles durcheinander geht und die Bischöfe von Brixen[4] und Trient[5] vertrieben sind. Herzog Georg[6] wird am nächsten Montag in Dessau mit dem Markgrafen und Bischof von Mainz[7] zusammentreffen. Es geht das Gerücht, daß er, aufgebläht durch seinen Erfolg, mich aus Wittenberg fordern lassen will; er glaubt, ich entspräche Müntzer in der Lehre[8]. Aber Christus wird Gnade geben. Sehet Ihr zu, daß er nicht auf Magdeburg zieht. Leb wohl und bete für mich! Am 4. Tag nach Fronleichnam 1525.

1 Johann der Beständige (1468–1532). 2 von Brandenburg-Ansbach. 3 Herzog Anton von Lothringen. 4 Sebastian Sperantius (Sprenz). 5 Bernhard Cles. 6 Georg der Bärtige (1471–1539), seit 1500 Herzog von Sachsen. Er trat zwar für eine Reform der Kirche ein, lehnte Luther jedoch seit der Leipziger Disputation (1519), der er persönlich beiwohnte, entschieden ab und unterdrückte die evangelische Bewegung in seinem Territorium mit allen Mitteln. 7 Albrecht II. (1490–1545), Markgraf von Brandenburg und Erzbischof von Mainz, seit 1518 Kardinal. Seine anfangs noch abwartende Haltung gegenüber der Reformation begünstigte zunächst deren Ausbreitung. Erst ab 1541 wurde er ihr ein entschiedener Gegner. 8 Müntzer hat sich nach anfänglichem Einverständnis rasch von Luthers Theologie entfernt. Während Luther auf eine sorgsame Unterscheidung der Sache Gottes von der des Menschen abhob und Gewalt als Mittel zur Durchsetzung evangelischer Wahrheit entschieden ablehnte, verschmolzen bei Müntzer sozialreformerische und -revolutionäre Anliegen zunehmend mit seinen theologischen. 1525 wurde er zum ideologischen Anführer des thüringischen Bauernkrieges, obwohl er seine Reformpläne nur undeutlich und verschwommen artikulierte. In der vernichtenden Niederlage der Bauern bei Frankenhausen (15. Mai 1525) wurde er gefangen genommen und nach entsetzlichen Folterungen am 27. Mai enthauptet.

16 An Spalatin

Wittenberg, 25. Juni 1525

Magister Spalatin zu Händen, dem Seinen im Herrn.

Gnade und Friede! Damit Du Dich nicht irrst, lieber Spalatin: genau am dritten Tag wird der Tag meines Gastmahls sein, so daß zum Frühstück an diesem Tag das große und hauptsächliche Festmahl stattfinden wird. Das Wildbret darf also nicht zu spät kommen, sondern sollte, wenn es geht, morgen abend rechtzeitig da sein. Denn ich will diesen Pomp für die gewöhnlichen Gäste an einem Tag abmachen. Ich schreibe dies, weil Leonhard Koppe mich aus meinem Brief[1] nicht verstanden hat, damit nicht auch Du mich mißverstehst. Leb wohl! Am Sonntag nach Johannis, früh, 1525. Mart. Luther

1 Siehe Nr. 9 in dieser Ausgabe.

17 An Johann Agricola

Wittenberg, 21. Oktober 1525

Dem lieben Bruder im Herrn Johann Agricola, dem rechten Bildner der Eislebener Jugend und Diener Christi.

Gnade und Friede in Christus! Da ich so oft schreibe und so viel schreibe und so vielen schreibe, daß ich glaube, ich sei nichts anderes als ein Schreiber, schien es mir gut, auch an Dich zu schreiben, lieber Johannes. Wenn ich auch nichts habe, das ich Dir schreiben könnte, schreibe ich doch dies, daß es nichts gibt, was ich schreiben könnte. Ich kann von dem Schreiben nicht kommen[1]. Wir schicken nun auch Syrus und unseren Davus[2] an die Stelle Tulichs[3]: ein Zwillingspaar für einen, damit wir umso leichter unsere Zusage erfüllten. Ich habe in dieser Sache an den Grafen[4] geschrieben; Du wirst den Fall mündlich unterstützen. Denn das erfordert die Sache, die allen gemeinsam ist. Alles übrige durch Syrus.

Bei uns geht das Gerücht, der Markgraf von Baden[5] und Kasimir[6] gewährten dem Evangelium eine Freistatt. Der Adel Frankens fordert dasselbe vom Würzburger Bischof[7]. So herrscht Christus in Kraft, daß die für das Evangelium eintreten, die das Evangelium auszutilgen oder ausgetilgt zu haben schienen.

Grüße Dein Fleisch mit seinen Beeren und Früchten, seinen Trauben und übersüßen Feigen. Und bete für uns. Meine Kathena[8] erheuchelt oder erfüllt wirklich das Wort der Genesis[9]: „Du wirst mancherlei Schmerzen haben, wenn Du schwanger wirst", und sie grüßt Euch von ganzem Herzen, und es verdrießt sie jetzt, daß sie die Dienerin Katharina, ich weiß nicht welche, durch nichts bewegen kann, zu Euch zu gehen. Gnade sei mit Euch, Amen. Am Samstag nach Lucae 1525.

M. Luther

1 In dem ansonsten lateinischen Brief ist dieser Satz von Luther auf deutsch formuliert. 2 Zwei bekannte Lustspielfiguren des Terenz; Luther wußte wohl um Agricolas Vorliebe für diesen Dichter. Welche Personen er damit bezeichnete, ist nicht geklärt. 3 Hermann Tülich; er kam schon zum Wintersemester 1525/26 als Rektor wieder nach Wittenberg. 4 Graf Albrecht VII. von Mansfeld (1486–1560). 5 Markgraf Philipp von Baden. 6 Markgraf Kasimir von Brandenburg-Ansbach. 7 Konrad III.

von Thüngen. 8 Diese Form ist doppeldeutig: morphologisch ist sie eine behutsame Latinisierung von „Käthe", phonetisch jedoch identisch mit dem Wort „catena", was auf deutsch „Kette" heißt. Später geht Luther ganz zu der Schreibweise „Catena" über. 9 Vers 16.

18 An Spalatin

Wittenberg, 6. Dezember 1525

Dem gelehrten und frommen Mann, Magister Georg Spalatin, dem Diener Christi und neuen Menschen im Herrn, seinem lieben Freunde.

Gnade und Friede im Herrn und Freude an dem lieblichen Weiblein, desgleichen vom Herrn. So unwillkommen Deine Heirat Deinen Baals-Brüdern[1] ist, so willkommen ist sie mir; ja, Gott hat mir in Dir nichts Willkommeneres (außer dem Evangelium) erzeigt, als daß ich gewürdigt werde, Dich als einen Ehemann zu sehen und zu hören, obgleich auch dies als eine nicht geringe Gabe und Frucht des Evangeliums gelten möge. Mit welchem Empfinden ich weggeblieben und aus welchen Gründen ich nicht gekommen bin zu Deiner so erfreulichen Hochzeit, mag Dir Magister Eberhard[2] erzählen. So verkehrt sich alles unter dem Fürsten, der ein Bekenner des Evangeliums und recht ritterlich ist: wir sind unterwegs weniger sicher als unter dem Fürsten, der sich unwissend stellte und nichts unternahm[3], und nun muß man die als Gefährten der Straßenräuber und Verräter fürchten, von denen man erwartete, daß sie Burgen der Zuflucht wären. Soviel zu ihnen.

Ich komme auf Dich zurück und wünsche Dir große Freude und Nachkommenschaft durch den Segen Christi. Jedenfalls lacht mir das Herz bei Deiner Hochzeit, das sollst Du mir glauben, nicht anders als bei meiner eigenen. Ich armer Mann hätte Dir jenen goldenen Portugaleser[4] geschickt, den Du der Meinen geschenkt hast, wenn ich nicht gefürchtet hätte, Du könntest daran Anstoß nehmen. Darum schicke ich Dir einen, den ich noch von meiner Hochzeit übrig habe, wobei ich nicht weiß, ob es der Deine gewesen ist oder nicht. Aber Du sollst in diesem kleinen Geschenklein meine umso größere Zuneigung erkennen. Doch was bedarf es der Worte? Ich weiß, daß Du mich zu gut kennst, als daß es meiner Beichte bedürfte. Grüße Deine Frau auf das Lieblichste, aber tue es dann, wenn Du Deine Katharina im Bett mit den lieblichsten Umarmungen und Küssen hältst und dieses denkst: Siehe, diesen Menschen, dieses liebste Geschöpflein meines Gottes, hat mir mein Christus geschenkt, ihm sei Lob und Ehre. Auch ich werde, da ich den Tag, an dem Du diesen Brief erhalten wirst, erraten kann, in dieser Nacht die Meine mit gleichem Werke lieben im Gedenken an Dich und Dir Gleiches mit Gleichem vergelten. Es grüßt Dich und Deine Rippe meine Rippe in Christus. Gnade sei mit Euch, Amen. Wittenberg, am Tage Nicolai 1525.

Dein Martinus Luther

1 Gemeint sind die Altenburger Kanoniker. 2 Eberhard Brisger (siehe dazu Brief 1, Anm. 5 in dieser Ausgabe). 3 Diese Charakterisierung von Johann dem Beständigen und Friedrich dem Weisen durch Luther ist bemerkenswert. 4 Portugiesische Goldmünze; sie wurden gern als Geschenkmünzen verwendet.

19 An Spalatin

Wittenberg, 2. Mai 1526

Dem Seinen im Herrn, Georg Spalatin, dem treuen Bischof der Gemeinde zu Altenburg.

Gnade und Friede! Ich schicke diesen Laurentius Fabri[1], lieber Spalatin, wie Du gebeten hast und wie der Fürst mir auf Dein Bitten hin geschrieben hat, daß ich ihn Dir schickte. Wir halten ihn für geeignet: Du kannst ihn also sicher zu den Cronschwitzer Nonnen[2] schicken, oder, wenn eine andere Autorisierung gefordert wird, so kannst Du es leicht zuwege bringen. Daß Mutian[3] so gestorben ist, wie Du schreibst, höre ich sehr gern.

Unser Jonas[4] ist am Nierenstein (wie man sagt) erkrankt und an einem Leberschaden dazu. Bete Du für ihn! Meine Kette[5] wird mich gegen Pfingsten um einen Nachkommen vermehren[6]. Bitte Du Christus, daß er sie mir eine glückliche Wöchnerin sein lassen möge, wie ich es auch Dir wünsche in Deiner Kette: mit ihr leb wohl! Am 4. Tag nach Cantate 1526.

Martin Luther

Den Beschützer der Diatribe[7] habe ich nicht gelesen, aber ich höre, er sei eine Viper, und freue mich, daß ihm die Maske abgezogen und er zugleich als Protheus entlarvt ist. Es hat mir aber Philipp, der Fürst von Hessen[8], ein Exemplar gesandt; er bittet dasselbe wie Du.

1 Er wurde im Sommer 1512 in Leipzig immatrikuliert, im März 1514 zum baccalaureus artium promoviert und im Dezember 1516 in Merseburg zum Subdiakon geweiht. 2 Am 22. Dezember 1525 hatten fünf Nonnen aus dem Dominikanerinnenkloster Cronschwitz bei Werda dem Kurfürsten ihre Klagen über die geistlichen Mißstände im Kloster vorgebracht und ihn um einen evangelischen Prediger gebeten. Kurfürst Johann ordnete daraufhin eine Untersuchung der Sache sowie die Bestallung eines evangelischen Predigers an. Ob Fabri der erste oder bereits der zweite Inhaber dieser Stelle war, ist nicht mehr auszumachen. 3 Conrad Mutian (1472–1526), seit 1503 Kanonikus in Gotha. Er stand durch einen umfangreichen Briefwechsel mit dem Erfurter Humanistenkreis in reger Verbindung. 4 Justus Jonas (siehe Brief 1, Anm. 2 in dieser Ausgabe). 5 Siehe Brief 17, Anm. 8 in dieser Ausgabe. 6 Pfingsten fiel in diesem Jahr auf den 20. Mai. Luthers ältester Sohn Johannes (Hans) kam dann aber erst am 7. Juni zur Welt. 7 Erasmus' Hyperaspites, dessen erster Teil im Februar 1526 erschienen war; siehe Brief 23, Anm. 2 in dieser Ausgabe. 8 Siehe Brief 34, Anm. 5 in dieser Ausgabe.

20 An Johann Rühel

Wittenberg, 8. Juni 1526

Meinem Herrn und Schwager Doktor Johann Rühel zu Eisleben freundlich geschrieben.

Gnad und Friede in Christo! Das Psalterlein[1] schick ich Euch hiemit, lieber Herr Doktor und Schwager. Mit dem ich vermag, will ich auch an die Psalmen. Ich hab das Anathema[2] angriffen, Euch zu Dienst und fur Schuld ausgestäupert[3]. Drum seid zufrieden. Wollet auch von meinetwegen Magister Eisleben[4] sagen, daß mir meine liebe Käthe von großer Gotts Gnaden einen Hansen Luther[5] bracht hat gestern um zwei, da der Tag im Kalender Dat heißt[6], und daß er sich nicht verwundern wolle, daß ich ihn mit solichem Befehl lasse anrennen. Denn er sollt fast[7] um diese Zeit des Jahrs denken, was es sei, Söhne haben. Grußt mir Euer liebe Sohnträgerin und Eislebens Else. Hiemit

Gott befohlen. Amen. Itzt dieses Buchstabens fodert mich die kranke Käthe. Freitags nach Bonifatii 1526.

Martinus Luther

1 „Vier tröstliche Psalmen, an die Königin von Ungarn", 1526 (WA 19, 542–615). 2 Unklar. 3 aufgestöbert. 4 Johann Agricola. 5 Johannes (Hans) Luther (1526–1575). Die vom Vater an ihn gerichteten, erhaltenen Briefe sind als Nr. 40, 58 und 80 in dieser Ausgabe wiedergegeben. 6 Nach dem Cisiojanus, einem mittelalterlichen Kalender aus den Namensanfängen der wichtigsten Monatsheiligen, handelt es sich um den 7. Juni. 7 gerade, eben.

21 An Spalatin

Wittenberg, 17. Juni 1526

Seinem Bruder im Herrn, Magister Georg Spalatin, dem Diener Christi zu Altenburg.

Gnade und Friede! Ich danke Dir im Herrn, lieber Spalatin, daß Du mir, dem glücklichen Ehemann (möchte doch Gott dies fortsetzen), so herzlich gratulierst. Von der besten Frau und dem geliebtesten Weib das Söhnchen Johannes Lutherlein: durch Gottes Segen habe ich ihn erhalten, durch seine wunderbare Gnade bin ich Vater geworden. Dasselbe wünsche und erbitte ich Dir, und mit noch günstigerem und größerem Segen, der Du besser bist und höher stehst als ich[1]. Doch bete, daß Christus mir das Kind wider den Satan erhalte, der, wie ich weiß, nichts unterlassen wird, um mich, wenn Gott es zuläßt, in meinem Sohn zu verletzen. Denn schon jetzt wird das Kind ein wenig geplagt, ich weiß nicht durch welche kleine Krankheiten, oder vielmehr (wie man meint) durch die Neuheit der ungewohnten Milch, mit der die Wöchnerinnen anfangs zu stillen genötigt sind.

Es schmerzt mich, daß dem Magister Eberhard seine Freude entrissen worden ist[2]. Aber der Wille Gottes ist gut, freilich in einer sehr verborgenen Güte, so daß man nichts härter empfindet als sie. Übrigens, wann kommst Du zu uns, um einmal wieder die alten Erinnerungen unserer Freundschaft und Verbundenheit aufzufrischen? Ich habe einen Garten bepflanzt[3], einen Brunnen gebaut, beides mit gutem Erfolg. Komm, und Du sollst mit Lilien und Rosen bekränzt werden. Leb wohl im Herrn und bete für mich! Sonntag nach Viti 1526.

Mart. Luther

1 Den letzten Teil dieses Satzes hat Spalatin ausgestrichen. 2 Die Frau Eberhard Brisgers (zu ihm siehe Brief 1, Anm. 5 in dieser Ausgabe) hatte, wie Brisger schon im Februar befürchtet hatte, eine Totgeburt erlitten. 3 Der zwischen Schwarzem Kloster und Stadtgraben gelegene Garten ist gemeint.

22 An Johann Agricola

Wittenberg, 27. Juni 1526

Johann Agricola, dem Lehrer und Bildner der jungen Leute und Knaben zu Eisleben, seinem Bruder im Herrn.

Gnade und Friede! Veit[1] ist zu mir gekommen, lieber Agricola, Euer künftiger Synergos[2] (um es griechisch zu sagen). Es bleibt nur, daß Du ihn dem Grafen Albrecht[3] gewissenhaft empfiehlst, wie er es auch verdient hat, denn er ist ein guter, ja ein ganz vorzüglicher junger Mann. Zugleich werdet auch Ihr ihn gebührend aufnehmen, ich weiß es. Was Du neulich geschrieben hast: daß meine Mutter verhindert sei, am vereinbarten Tag zu kommen, habe ich erhalten. Christus möge tun, was ihm gefällt und gut ist. Johannes, der kleine Luther, ist wohlauf, soweit es ein kleines Kind eben sein kann; die Mutter hat bis jetzt an Milchmangel gelitten, und noch immer befeuchtet sie seinen Gaumen kaum mit ein paar Tropfen.

Grüße alle die Unseren. Die Gnade Gottes sei mit Dir, Amen. Grüße besonders auch Deine Elsa in unserem Namen, für die wir eine gesegnete Geburt erbitten, Amen. Am 4. Tag nach Johannis 1526.

Dein Martinus Luther

1 Veit Amerbach (Trolmann) (1503–1557); er hatte zunächst in Ingolstadt, ab 1522 dann in Wittenberg studiert und trat bald nach diesem Brief seine Stelle an der Lateinschule in Eisleben an. Dort scheint er aber nicht lange geblieben zu sein. In späteren Jahren setzte er sich mehr und mehr von Luther ab, bis er 1543 in Ingolstadt wieder zum katholischen Glauben zurückkehrte. 2 Mitarbeiter. 3 Albrecht VII. von Mansfeld.

23 An Michael Stifel

Wittenberg, 11. August 1526

Gnade und Friede im Herrn! Da ich diesen Boten getroffen habe, der bis zu Dir gehen soll, lieber Michael, möchte ich dieses Begrüßungsschreiben an Dich richten, obwohl ich außerdem fast nichts zu schreiben habe. Ich sinne darauf, über die Rotten der Sakramentarier zu schreiben, wenn Gott mir so viel Muße schenkt[1]. Die Stoffanhäufung des Erasmus[2] erwarte ich. Vom Reichstag weiß ich noch nichts, nur, daß die Bischöfe beabsichtigen, die frühere Herrschaft wieder einzusetzen. Der Fürst befestigt unsere Stadt stark.

Mich hat Gott mit einem gesunden und unversehrten Sohn gesegnet nach seiner großen Güte, dem kleinen Johannes Luther. Es grüßt Dich Käthe, meine Rippe, und sie läßt danken, daß Du sie mit einem so lieben Brief gewürdigt hast. Sie selbst ist wohlauf, durch Gottes Gnade, und mir ist sie zu Willen und in allen Dingen gefällig und entgegenkommend, mehr als ich je zu hoffen gewagt hätte (Gott sei Dank!), so daß ich meine Armut nicht einmal mit den Reichtümern des Croesus[3] vertauschen wollte. Grüße Deine Frau und Deine Herren von mir in Christus und leb wohl! Wittenberg, 11. August 1526.

Martinus Luther

1 „Daß diese Worte Christi ‚Das ist mein Leib‘ noch feststehen, wider die Schwarmgeister“, 1527 (WA 23,64–320). 2 Das lateinische „acervus“ kann „Haufe“ (im Sinne einer zusammengeworfenen Menge gleichartiger Dinge) und auch „Trugschluß“ bedeuten und hat in jedem Fall einen sehr verächtlichen Sinn. Luther meint damit den zweiten Teil des Hyperaspites, der Entgegnung des Erasmus auf Luthers Schrift „Vom unfreien Willen“, 1526 (WA 18,551–787), deren erster Teil, im Februar 1526 erschienen, mit der Ankündigung endete, der zweite werde bald erscheinen. 3 Kroisos; letzter König von Lydien im 6. Jahrhundert vor Christus. Er gilt als einer der reichsten Männer des Altertums.

24 An Kurfürst Johann

Wittenberg, 16. Juni 1527

Dem durchleuchtigesten, hochgebornen Fursten und Herrn, Herrn Johanns, Herzogen zu Sachsen und Kurfürst etc., Landgrafen in Thüringen und Markgrafen zu Meißen, meinem gnädigsten Herrn.

Gnad und Friede in Christo! Durchleuchtigester, hochgeborner Furst, gnädigster Herr! Es ist hie meins lieben Vaters Bruder und mein Vetter[1] Heinz Luther von Möhra aus sonderlicher Zuversicht zu mir kommen um eine Furbitt an Euer Kurfürstlichen Gnaden eines Hofes halben, bei Eisenach gelegen, wie Euer Kurfürstlichen Gnaden aus dieser seiner Supplikation[2] seine Bitt und Begehr vernehmen mugen. Wiewohl ich nu mit solchen Sachen Euer Kurfürstlichen Gnaden gar ungerne bemuhe, besorge auch, ich bitte zu viel und oft, aber doch angesehen[3], daß ich meinen Freunden[4] zuvor, so mir auch etwa gedienet, schuldig bin zu dienen, und der gute Mann so fernen Weg zu mir gangen, kann ich seine Zuversicht nicht so lassen feilen[5]. Bitte derhalben untertäniglich, wo seine Bitte ziemlich und Euer Kurfürstlichen Gnaden zu tun ist, wollte ihm ein gnädigs guts Antwort lassen widerfahren. Ich kann den Mann nicht verdenken. Er sucht sich und seine Kindlin mit seiner Erbeit gottlich zu nähren und begehrt nichts umsonst, sondern will tun, was sich gebührt von demselbigen Hofe, und noch mehr, so es Euer Kurfürstlichen Gnaden gefellet. Hiemit Gott befohlen, Amen. Sonntags nach Pfingsten 1527.

Euer Kurfürstlichen Gnaden
untertäniger
Martinus
Luther

1 Verwandter. 2 Bittgesuch. 3 angesichts dessen. 4 hier: Verwandten. 5 fehlgehen.

25 An Kurfürst Johann

Wittenberg, 16. Juni 1527

Dem durchleuchtigsten, hochgebornen Fursten und Herrn, Herrn Johanns, Herzogen zu Sachsen, Kurfursten etc., Landgrafen in Thüringen und Markgrafen zu Meißen, meinem gnädigsten Herrn.

Gnad und Friede in Christo! Durchleuchtigester, hochgeborner Furst, gnädigster Herr! Noch eine Furbitt bringe ich hie meines Schwagers halben Werner Berg zu Salzungen, welchem seine Zinse gehemmet[1] werden im Henneberger Lande um etlicher gekaufter Glocken Speise willen, und will ihm nichts helfen sein Erbieten zu Recht und Gute. Bitt ich derhalben demutiglich, Euer Kurfürstlichen Gnaden wollte das Exempel nicht leiden, daß fremde Herrschaft in Euer Kurfürstlichen Gnaden Oberkeit greift und Euer Kurfürstlichen Gnaden Untertanen zu strafen unterwinden ohn Euer Kurfürstlichen Gnaden Wissen und Willen. Denn da ist Geduld inne zu haben, weil es Euer Kurfürstlichen Gnaden Amt und Pflicht betrifft, die Untertanen zu schützen. Seine Klage aber und Bitt wird Euer Kurfürstlichen Gnaden aus seiner Supplikation[2] wohl vernehmen und sich gnädiglich gegen ihn wissen zu erzeigen. Hiemit Gott befohlen, Amen. 1527, am Sonntag nach Pfingsten.

Euer Kurfürstlichen Gnaden
untertäniger
Martinus
Luther

1 zurückgehalten. 2 Bittgesuch.

26 An Nikolaus von Amsdorf

Wittenberg, 1. November 1527

Gnade und Friede! Wie es dem Herrn gefällt, so geschieht es, lieber Amsdorf, daß ich, der ich bisher alle gern getröstet habe, nun selber allen Trostes bedürftig bin. Das eine bitte ich, und bitte Du es mit mir, daß mein Christus mit mir tue, was ihm gefällt, nur möge er mich bewahren, daß ich nicht undankbar und dem zum Feind werde, den ich bisher mit so großem Eifer und Leidenschaft gepredigt und verehrt habe, wenn ich ihn unterdessen auch mit vielen und großen Sünden verletzt habe. Der Satan begehrt, daß ihm erneut ein Hiob gegeben werde[1] und er Petrus mit seinen Brüdern sichte[2]; Christus aber wolle ihm sagen: Schone sein Leben[3], und zu mir: Ich bin deine Hilfe[4], wie ich noch immer hoffe, daß er meiner Sünden nicht zürnen werde am Ende. Ich möchte gern den Sakramentariern antworten, aber wenn ich nicht stärker werde in meinem Herzen, vermag ich nichts. Dein Exemplar[5] werde ich aufbewahren, aber zu seiner Zeit zurückgeben.

In meinem Haus entsteht langsam ein Hospital. Hanna, die Frau von Augustin[6], hat in ihrem Innern die Pest gehabt, erholt sich aber wieder. Margaretha von Mochau[7] hat uns einen Schrekken eingejagt durch ein verdächtiges Geschwür und andere Zeichen, wiewohl auch sie wieder genest. Ich fürchte sehr um meine Käthe, die kurz vor ihrer Niederkunft steht[8], und auch mein kleiner Sohn ist schon seit drei Tagen krank: er ißt nichts, und es geht ihm schlecht. Man sagt, es sei das Drängen der Zähne, und man glaubt beide in so großer Gefahr. Denn des Kaplan Georgs Frau[9], die auch kurz vor ihrer Niederkunft steht, ist von der Pest befallen, und sie beschäftigt sich jetzt damit, ob auf irgendeine Weise das Kind gerettet werden könne[10]; der Herr Jesus stehe ihr barmherzig bei. So herrschen im Äußeren Kämpfe und im Innern Ängste, hart genug; Christus sucht uns heim. Einen Trost aber halten wir dem wütenden Satan entgegen: daß wir doch das Wort Gottes haben, durch das die Seelen der Glaubenden bewahrt werden, wie auch immer er die Körper verschlingt. So empfehle uns den Brüdern und Dir selbst, daß Ihr für uns betet, daß wir die Hand des Herrn tapfer ertragen und die Macht und List des Satans überwinden, ob durch den Tod oder durch das Leben[12], Amen. Wittenberg, am Tag Allerheiligen, im zehnten Jahr, seit der Ablaß zertreten ist. Auf dieses Gedenken trinken wir in dieser Stunde, nach beiden Seiten getröstet. 1527.

Dein Martinus Luther

1 Hiob 2,3–6. 2 Lk. 22,31. 3 Hiob 2,6. 4 Ps. 35,5. 5 Von Zwinglis Schrift „Daß diese Worte Jesu Christi ‚Das ist mein Leib ...' ewiglich den alten einen Sinn haben werden". 6 Tochter des Torgauer Bürgermeisters Matthäus Moschwitz (Muschwitz), mindestens seit Herbst 1522 mit dem Wittenberger Professor der Medizin, Augustin Schürf, verheiratet; sie starb 1540. 7 Vermutlich eine Schwester von Karlstadts Frau. 8 Am 10. Dezember gebar sie die Tochter Elisabeth. 9 Hanna Rörer, Schwester des Wittenberger Stadtpfarrers Bugenhagen und Frau des Wittenberger Diakons Georg Rörer (der sich später große Verdienste um die Edition von Luthers Schriften sowie die Tradierung seiner Predigten, Vorlesungen und Briefe erworben hat). 10 Durch Kaiserschnitt an der Verstorbenen. Hanna Rörer gebar am folgenden Tag ein totes Kind und erlag wenige Stunden später der Pest. 11 2. Kor. 7,5. 12 Phil. 1,20.

27 An Nikolaus Hausmann

Wittenberg, 14. Dezember 1527

Dem ehrwürdigen Bruder in Christus, Herrn Nikolaus Hausmann, dem treuen Bischof zu Zwickau, seinem lieben Freund.

Gnade und Friede im Herrn. Meine Käthe sagt Dir Dank, guter Mann, für Deine Mühe und Gefälligkeit, mit der Du ihr die Chemnitzer Leinwand beschafft hast[1]. Sie hat mir am zehnten Dezember das Töchterlein Elisabeth[2] geboren. Christus sei Lob und Ehre!

Auch die Pest hat bei uns ganz aufgehört. Gott, dem Vater der Barmherzigkeit[3], sei die Ehre. Denn weder die Ärzte noch die Kaplane haben in dieser Woche irgendwelche Mühe mit Kranken gehabt, noch ist irgendwo jemand krank. Im Hospital sind die beiden Letzten und Übriggebliebenen auch wieder genesen, denn mehr als 14 lagen dort gewöhnlich zu gleicher Zeit. Und selbst während der ganzen Pestzeit sind in diesem Hospital kaum 15 gestorben, obgleich weit über 100 Kranke dorthin gebracht worden sind und sie dort so zahlreich lagen: so hat sich Christus unser erbarmt. Ich bin freilich von meiner Anfechtung noch nicht befreit, noch begehre ich, befreit zu werden, wenn es zur Ehre meines Gottes ist, des süßesten Heilands, Amen. Laß dennoch nicht ab, für mich zu beten und zu kämpfen in diesem wahrlich heftigen Kampf mit dem Satan selbst, dem mächtigsten Fürsten. Ich habe ihn mit vielen Büchern verärgert, das ist's, warum er wütet. Aber er möge gegen Christus wüten, der ihn durch mich, sein so schwaches, kleines Gefäß, noch viel mehr verärgert hat. Leb wohl, mein Bruder in Christus, mit allen Unseren.

Die Kirchenordnung wird der Herr demnächst besorgen. Ich werde den Sacharja[4] in der jetzigen Leipziger Messe herausgeben, danach zur Frankfurter Messe die andere und allerletzte Schrift gegen die Sakramentarier[5]. Christus sei nur mit uns, Amen. Am Samstag nach Luciae 1527.

Dein Martinus Luther

1 Luther hatte Hausmann darum am 7. November in Käthes Namen gebeten. 2 Elisabeth Luther starb bereits am 3. August 1528; vgl. dazu Brief 30 in dieser Ausgabe. 3 2. Kor. 1,3. 4 „Der Prophet Sacharia

ausgelegt", 1527 (WA 23,485–664). 5 „Vom Abendmahl Christi, Bekenntnis", 1528 (WA 26,261–509).

28 An Wenzeslaus Link

Wittenberg, 29. Dezember 1527

Gnade und Friede! Der Herr hat mir eine kleine Tochter geschenkt und mich zugleich von jener Sorge befreit, in der ich für meine schwangere Frau voller Kummer fürchtete, sie würde von der Pest angesteckt werden, wie es zu gehen pflegt und vielen hier widerfahren ist. Denn die Pest war bei mir in den Wänden, aber der Herr hat es verhindert und sie in meine Schweine geschickt[1].

Neuigkeiten gibt es keine, außer daß man sagt, der Türke werde mit einer riesigen Kriegsrüstung hervorbrechen. Gott zerstreue die, die Krieg führen wollen[2], Amen, wie ich hoffe, daß es geschehen möge. Sieh zu, daß du nicht abläßt, für mich zu beten und mit mir zu kämpfen in meinem Kampf; der Herr wird sich ebenso Deiner erbarmen zu seiner Zeit. Grüße Osiander[3] und ermuntere ihn, daß er stark sei gegen den Geist der Sakramentarier. Auch ich gehe schon zum zweiten Mal gegen sie vor[4] und werde die Wiedertäufer mit einem Brief anstatt eines Vorspiels herausfordern[5]; Christus wird helfen.

Die Pest ist, durch Gottes Gnade, verschwunden, und wenn die Universität zurückgekehrt ist[6], wird Christus anderes zu tun geben. Bitte sorge doch für mehr Samenkörner in meinem Garten, so viel verschiedene, wie Du kannst; denn wenn ich am Leben bleibe, will ich ein Gärtner werden. Leb wohl und küsse Dein Töchterlein und umarme seine Mutter, dem Satan zu Leide, der uns verfolgt. Am Sonntag nach der Geburt Christi 1527.

Martinus Luther

1 Mk. 5,13. 2 Ps. 68,31. 3 Andreas Osiander (1489–1552) war die führende Gestalt der Lutheraner in Nürnberg. Er verwahrte sich heftig gegen den Versuch Zwinglis, ihn auf seine Seite zu ziehen. 1548 ging er nach Königsberg und löste mit seinem Versuch einer selbständigen Verarbeitung lutherischer Anschauungen dort erhebliche Streitigkeiten aus. 4 Siehe Brief 27, Anm. 5 in dieser Ausgabe. 5 „Von der Wiedertaufe an zwei Pfarrherrn", 1528 (WA 26,144–174). 6 Die Wittenberger Universität

war seit dem 15. August wegen der Pest nach Jena übersiedelt. Luther hatte aber die Aufforderung des Kurfürsten, sich mit seiner Familie ebenfalls dorthin zu begeben, abgelehnt.

29 An Jakob Propst

Wittenberg, 31. Dezember 1527

Jakob Propst, dem Pastor der Bremer Kirche.

Gnade und Friede im Herrn! Ich danke Euch, daß Ihr um uns besorgt seid, lieber Jakob, denn das haben auch wir nötig, daß Ihr uns mit Euren Gebeten helft in diesem Wüten des Satans, der ringsumher tobt. Die neue Sekte der Wiedertäufer wächst wunderlich an durch das große Vorbild derer, die leben, und die große Kühnheit derer, die durch Feuer und Wasser sterben.

Mein kleiner Sohn war tot, aber er ist wieder lebendig geworden[1]; er hat zwölf Tage lang nichts gegessen und ist nur mit Trinken, ohne Hoffnung, erhalten worden. Der Herr hat mich um ein gesundes Töchterlein reicher gemacht. Die Pest, die uns bis jetzt von allen Seiten mit Todesangst umgeben hat, ist durch Gottes Barmherzigkeit verschwunden. Dem Pomeranus[2] ist auch ein Sohn geboren worden, Johannes[3].

Wir alle sind wohlauf, außer Luther selbst, der, am Leib gesund, außen von der ganzen Welt, inwenig vom Teufel und allen seinen Engeln zu leiden hat. Ich schreibe ein zweites und letztes Mal gegen die lügnerischen Sakramentarier[4] um der Schlichteren willen, denn jener geflügelte[5] und hinterlistige Geist hat mir nicht ein einziges Argument widerlegt. Auch die Wiedertäufer werde ich mit einem kurzen Brief herausfordern[6], um eben dieser Schlichteren willen.

Bete fleißig für mich, lieber Jakob. Meine Käthe läßt Dich grüßen samt Deiner Rippe. Auch Pomeranus wünscht Dir alles Gute in Christus. Grüße alle die Unsern! Am Tag vor der Beschneidung Christi 1527. Dein Martinus Luther

1 Lk. 15,24. 2 Johann Bugenhagen. 3 Er starb bereits Anfang April 1528. 4 Siehe Brief 27, Anm. 5 in dieser Ausgabe. 5 Den Engel des Satans (2. Kor. 12,7) dachte sich Luther wie die Cherubin geflügelt. 6 Vgl. Brief 28, Anm. 5 in dieser Ausgabe.

30 An Nikolaus Hausmann

Wittenberg, 5. August 1528

Gnade und Friede. Mein kleiner Johannes läßt Dir, lieber Nikolaus, danken für die Klapper, deren er sich entzückend rühmt und freut. Über den Türkenkrieg habe ich mir wenigstens zu schreiben vorgenommen, und es wird, hoffe ich, nicht unnütz sein.

Meine kleine Tochter, Elisabethchen, ist gestorben[2]. Es ist wunderlich, ein wie bekümmertes, fast weibisches Herz sie mir zurückgelassen hat, so werde ich vom Jammer über sie bewegt. Das hätte ich nie zuvor gedacht, daß ein väterliches Herz so weich werden könnte wegen der Kinder. Bitte Du für mich den Herrn; in ihm leb wohl. Wittenberg 1528, den fünften August.

Die Freibergerin betreffend, die entführt werden sollte, geschieht nichts, es sind nur Gedanken gewesen. Du kannst also beruhigt sein. Martinus Luther

1 „Vom Kriege wider die Türken", 1529 (WA 30,2; 107–148). 2 Sie war am 3. August, noch nicht acht Monate alt, verstorben.

31 An Eberhard Brisger

Wittenberg, 29. Oktober 1528

Dem ehrwürdigen Bruder in Christus, Magister Eberhard Brisger, seinem lieben Freunde im Herrn.

Gnade und Friede in Christus. Ich denke in der Tat nicht an die Bücher, die an Dich zu schicken sind, habe auch nicht daran gedacht, lieber Brisger, weil ich mich darauf verlasse, daß Dein Mitarbeiter Brauer[1] für diese Dinge sorgt. Darum rechne es ihm an, wenn nichts geschickt wird.

Meine Käthe läßt Dich grüßen samt Frau und Kindern. Sie ist zwar schwanger[2], aber die Frucht zeigt noch kein Leben. Bete für uns. Ich schreibe Dir, mit Arbeit überladen als ein Visitator[3], Leser, Schreiber, Hörer, Vermittler, Läufer, Verwalter, und was eigentlich nicht? Grüße alle die Unsern. Am 5. Tag nach Simonis und Judae 1528. Martinus Luther

1 Bruno Brauer (gest. 1552) war Augustiner, hatte in Wittenberg studiert und war der letzte Prokurator des Wittenberger Augustinerklosters. 1540 ging er als Pfarrer nach Dobien. 2 Am 4. Mai 1529 gebar sie die Tochter Magdalena. 3 Noch am selben Tag reiste Luther zur Visitation nach Kemberg und Schmiedeberg.

32 An Nikolaus von Amsdorf

Wittenberg, 5. Mai 1529

Gnade und Frieden! Den letzten Brief an Dich[1] über jenen betrügerischen Bräutigam schrieb ich, während Käthe bei mir saß, die sich plötzlich unter Schmerzen zu winden begann. Und etwa drei Stunden nach diesem Brief hat sie, selber wohlbehalten, ein gesundes Töchterlein geboren. So reichlich hat uns der Herr gesegnet, daß sie so glücklich geboren worden ist; ihm sei Ehre in Ewigkeit, Amen.

Nun aber, da ich es dem Anwesenden nicht zu sagen wagte, sage ich es dem Abwesenden mit folgenden Worten[2]: Achtbar, Würdiger, Gott, der Vater aller Gnaden, hat mir und meiner lieben Käthen eine junge Tochter gnädiglich bescheret. So bitte ich Euer Weisheit um Gottes willen, wollet ein christlich Amt annehmen und derselben armen Heidin geistlicher Vater sein und ihr zu der heiligen Christenheit helfen durch das himmlisch, hochwürdige Sakrament der Taufe. So sollst Du der Glaubenslehrer meiner Tochter sein. Der Propst Heinrich von Delden wird dort inzwischen Dein Stellvertreter sein. Der Herr sei mit Dir, und bete für uns! 5. Mai morgens, 1529.

1 Luther hatte ihm am Tag zuvor von einigen Wittenberger Neuigkeiten geschrieben. 2 Die folgenden beiden Sätze sind von Luther in deutscher Sprache geschrieben, der übrige Brief lateinisch.

33 An Wenzeslaus Link

Wittenberg, 6. Mai 1529

Gnade und Friede in Christo! Die Uhr, die Du mir geschenkt hast, lieber Wenzeslaus, ist angekommen, und sie steht still, da sie von der Reise sehr ermüdet oder den neuen Besitzer noch nicht gewöhnt ist, aber sie wird mit der Zeit wohl ihren Lauf wieder aufnehmen. Ich danke Dir; ich Armer habe nichts, womit ich es Dir vergelten könnte, denn die Bücher, die wir kürzlich drucken ließen, sind, wie ich glaube, schon längst zu Euch gelangt, und sie sind auch so beschaffen, daß sie sich als Geschenk kaum eignen würden. Denn es sind alte Sachen, die in anderer Form neu gedruckt wurden.

Der Herr hat meine Familie um das Töchterlein Magdalene vermehrt; die Mutter ist gesund und glücklich, entbunden zu haben.

Der Reichstag[1] ist wieder zu Ende, aber fast ohne Erfolg, außer daß die Christusgeißler und Seelentyrannen ihre Wut nicht auslassen konnten. Das vom Herrn erlangt zu haben ist uns genug, denn vom Konzil, wie gesagt, erhoffen wir nichts.

Bei mir ist ein Mann, der aus Venedig kommt; der versichert, der Sohn des Dogen aus Venedig[2] sei am türkischen Hof. So kämpfen wir gegen den Türken bis heute, während der Papst, Venedig und Frankreich öffentlich und schamlos Türken geworden sind. Schließlich berichtet er, daß im letzten französischen Heer in Pavia 800 Türken gewesen seien, von denen 300, gesund und dieses Krieges müde, nach Hause zurückgekehrt seien. Da Du nicht davon schreibst, nehme ich an, daß Dir diese schrecklichen Dinge unbekannt sind. Mir hingegen werden sie von Beteiligten geschrieben und berichtet, so daß ich sie für wahr halte. Die Mitte jener Nacht steht bevor, in der das Geschrei zu hören sein wird: ‚Der Bräutigam kommt, gehet ihm entgegen!'[3] Bete für mich und lebe wohl mit Deiner Frau[4] und grüße alle, die uns bekannt sind. 6. Mai 1529.

Dein Martinus Luther

1 Der 2. Speyrer Reichstag (März bis April 1526) bestätigte das Wormser Edikt und forderte Maßnahmen gegen kirchliche Veränderungen. Einige evangelische Fürsten und Reichsstädte verwahrten sich dagegen mit einer förmlichen Protestation. Dieses Votum der evangelischen Minderheit, das Mehrheitsbeschlüsse in Sachen des Gewissens als unangemessen ablehnte, führte zu der Bezeichnung ‚Protestanten'. 2 Ludovicus, Sohn des Andreas Gritti und einer Türkin. 3 Matth. 25,6. 4 Margarethe Link, geb. Schweizer.

34 An seine Frau

Marburg, 4. Oktober 1529

Meinem freundlichen lieben Herrn Katharina Lutherin, Doktorin, Predigerin zu Wittenberg.

Gnad und Friede in Christo! Lieber Herr Käth! Wisset, daß unser freundlich Gespräch zu Marburg[1] ein Ende hat, und seind fast in allen Stücken eins, ohne [2] daß die Widerteil[3] wollten eitel[4] Brot im Abendmahl behalten und Christum geistlich darinnen gegenwärtig bekennen. Heute handelt der Landgraf[5], ob wir könnten eins werden, oder doch gleichwohl, so wir uneins blieben, dennoch Brüder und Christus' Glieder unter einander uns halten. Da arbeit der Landgraf heftig. Aber wir wollen des Brüdern und Glieders nicht, friedlich und Guts wollen wir wohl. Ich achte, morgen oder übermorgen wollen wir aufbrechen und zu Eurem Gnädigen Herrn gen Schleiz in Vogtland ziehen, dahin uns Seine Kurfürstlichen Gnaden berufen hat.

Sage dem Herrn Pommer[6], daß die besten Argument seind gewesen des Zwingli[7], daß corpus non potest esse sine loco, ergo Christi corpus non est in pane [ein Leib nicht sein kann ohne (bestimmten) Ort, also Christi Leib nicht im Brot ist], des Oecolampadii[8]: dies Sacramentum est signum corporis Christi [das Sakrament ist ein Zeichen des Leibes Christi]. Ich achte, Gott habe sie verblendet, daß sie nichts haben müssen[9] fürbringen. Ich habe viel zu tun, und der Bot' eilet. Sage allen gute Nacht und bittet für uns! Wir seind noch alle frisch und gesund und leben wie die Fürsten. Küßt mir Lenchen und Hänschen[10]! Am Tage Francisci, 1529.

Euer williger Diener
Martinus Luther

Johann Brenz[11], Andreas Osiander[12], Doktor Stephan von Augsburg[13] seind auch hier kommen.

Sie seind hier toll worden mit Schweißschrecken[14], gestern haben sich bei funfzig geleget, deren seind eins oder zwei gestorben.

1 Um die Streitigkeiten in der Abendmahlsfrage zwischen Luther und Zwingli und ihren Anhängern beizulegen, hatte Philipp von Hessen bereits im April zu einem Religionsgespräch nach Marburg eingeladen. Der erwünschte sakramentstheologische Lehrausgleich sollte ein allgemeines poli-

tisches Bündnis gegen Karl V. ermöglichen. Vom 1. bis 3. Oktober debattierten Luther und Zwingli zusammen mit neun weiteren Theologen vor allem, wie die Worte Christi „Dies ist mein Leib" zu verstehen seien. Das Gespräch trug zur Profilierung der Standpunkte bei, führte aber zu keiner Einigung und damit auch nicht zu einem politischen Bündnis der deutschen und schweizer Protestanten gegen den Kaiser. 2 nur. 3 Gegner. 4 bloßes. 5 Philipp von Hessen (1504–1567); er bekannte sich seit 1524 zu Luthers Lehre und wurde zum wichtigsten politischen Förderer der Reformation, bis seine förmlich geschlossene Doppelehe von 1540 ihn politisch weitgehend handlungsunfähig machte. 6 Johann Bugenhagen. 7 Huldrych Zwingli (1484–1531); er hat eine humanistische Bildung genossen und war seit 1518 Priester in Zürich. Seine Reformtätigkeit begann er zunächst unabhängig von Luther, sah sich dann aber durch dessen Vorgehen bestätigt und bestärkt. Zwingli teilte weitgehend die theologischen Auffassungen Luthers, votierte aber, was soziale und wirtschaftliche Konsequenzen betraf, erheblich radikaler. Seit 1525 stand er dann in einer wachsenden Kontroverse mit Luther, die sich vor allem in der Abendmahlsfrage zuspitzte. Zwingli fiel 1531 in der Schlacht bei Kappel, in der er als Feldprediger aktiv in den Kampf eingegriffen hatte. 8 Johann Oekolampad (Heusgen) (1482–1531); er war Baseler Humanist und unterstützte Erasmus 1515/16 bei der Herausgabe des griechischen neuen Testaments. Seit 1523 führte er in Basel eine kirchliche Erneuerung herauf. Er stand, vornehmlich in der Abendmahlsfrage, dem Züricher Zwingli theologisch nahe. 9 können. 10 Magdalena und Johannes Luther. 11 Johannes Brenz (1499–1570); Anhänger Luthers seit der Heidelberger Disputation (1518), Prädikant und Reformator von Schwäbisch Hall. An der Gestaltung des reformatorischen Kirchenwesens in Württemberg hatte er wesentlichen Anteil. Im Abendmahlsstreit stand er ganz auf der Seite Luthers. 12 Siehe Brief 28, Anm. 3 in dieser Ausgabe. 13 Stephan Agricola (Kastenbauer); er war Augustiner und wirkte seit 1524 in Augsburg, ab 1531 als Pfarrer in Hof, Sulzbach und Eisleben. 14 Der „englische Schweiß", eine ansteckende und rasch zum Tod führende Fieberkrankheit, die aus England eingeschleppt worden war und 1529 erstmals in Deutschland auftrat

35 An seinen Vater

Wittenberg, 15. Februar 1530

Meinem lieben Vatern, Hans Luther, Burger zu Mansfeld im Tal, Gnad und Fried in Christo Jesu, unserm Herrn und Heiland, Amen.

Lieber Vater! Es hat mir Jakob[1], mein Bruder, geschrieben, wie daß Ihr fährlich krank sein sollt. Weil denn itzt böse Luft[2] und sonst allenthalben Fahr[3] ist, auch der Zeit halben, bin ich beweget, für Euch zu sorgen. Denn wiewohl Euch Gott bis hieher einen festen, harten Leib gegeben und erhalten, machet mir doch Euer Alter zu diesen Zeiten sorgliche Gedanken, wiewohl wir alle ohn das[4] kein Stund unsers Lebens sicher sind noch sein sollen, derhalben ich aus der Maßen gern wär selbst zu Euch kommen leiblich; so haben mir's doch meine guten Freund widerraten und ausgeredt, und ich auch selbst denken muß, daß ich nicht auf Gottes Versuchen in die Fahr mich wagte; denn ihr wisset, wie mir Herrn und Baurn gunstig sind. Aber große Freud sollt mir's sein, wo es müglich wär, daß Ihr Euch ließet samt der Mutter hieherführen zu uns, welchs mein Käth mit Tränen auch begehrt, und wir alle. Ich hoffet, wir wollten Euer auf's Best warten. Darauf hab ich Cyriacus[5] zu Euch abgefertiget, zu besehen, ob es Euer Schwachheit halben müglich wär. Denn es geriet mit Euch nach göttlichem Willen zu diesem oder jenem Leben, so wollt ich ja herzlich gern (wie auch wohl billig) leiblich um Euch sein und nach dem vierten Gebot mit kindlicher Treu und Dienst mich gegen Gott und Euch dankbar erzeigen.

Indes bitt ich den Vater, der Euch mir zum Vater geschaffen und gegeben hat, von Herzensgrund, daß er Euch nach seiner grundlosen Güte woll' stärken und mit seinem Geist erleuchten und bewahren, damit Ihr erkennet mit Freuden und Danksagung die selige Lehr von seinem Sohn, unserm Herrn Jesu Christo, zu welcher Ihr auch itzt durch sein Gnad berufen und kummen seid aus dem greulichen vorigen Finsternis und Irrtumen, und hoffe, daß seine Gnade, so solch Erkenntnis Euch gegeben und sein Werk damit in Euch angefangen hat[6], werde es bis zu End in jenes Leben und auf die fröhlich Zukunft unsers Herrn Jesu Christi bewahren und vollbringen, Amen.

Denn er hat solche Lehre und Glauben auch schon in Euch versiegelt und mit Merkzeichen[7] bestätigt, nämlich daß Ihr um meines Namens willen viel Lästerung, Schmach, Hohn, Spott, Verachtung, Haß, Feindschaft und Fahr darzu erlitten habt, samt uns allen. Das sind aber die rechten Malzeichen, darin wir unserm Herrn Christo gleich und ähnlich müssen sein, wie Sankt Paulus sagt[8], auf daß wir auch seiner zukünftigen Herrlichkeit gleich werden.

So laßt nun in Euer Schwachheit das Herz frisch und getrost sein; denn wir haben dort in jenem Leben bei Gott einen gewissen treuen Helfer, Jesum Christum, welcher für uns den

Tod samt den Sünden erwürget hat und itzt da für uns sitzet und samt allen Engeln auf uns siehet und unser wartet, wenn wir ausfahren sollen, daß wir nicht sorgen noch fürchten dürfen, daß wir versinken oder zu Grund fallen werden. Er hat zu große Gewalt uber den Tod und Sünde, daß sie uns nichts tun können; so ist er so herzlich treu und frumm, daß er uns nicht lassen kann noch will; allein, daß wir's ohn Zweifel begehren.

Denn er hat's geredt, verheißen und zugesagt, er wird und kann uns nicht liegen noch triegen[9], das hat keinen Zweifel. Bittet (spricht er), so sollt ihr's kriegen, suchet, so sollt ihr's finden, klopfet an, so wird euch aufgetan werden[10]. Und anderswo[11]: Alle, die den Namen des Herrn anrufen, sollen selig werden. Und der ganz Psalter voll solcher tröstlicher Verheißung ist, sonderlich der 91. Psalm, welcher allen Kranken sonderlich gut zu lesen ist.

Solchs will ich mit Euch schriftlich geredet haben, als in Sorgen Euer Krankheit halben (dieweil wir das Stündlin nicht wissen), damit ich teilhaftig werde Euers Glaubens, Kampfs, Trosts und Dank gegen Gott für sein heiliges Wort, das er uns so reichlich, kräftig und gnadenreich zu dieser Zeit gegeben hat.

Ist's aber sein göttlicher Will, daß Ihr sollt jenes bessern Lebens noch länger verzogen, mit uns fürder in diesem betrübten und unseligen Jammertal mit leiden und Unglück sehen und hören, oder auch samt allen Christen helfen tragen und uberwinden, so wird er auch Gnad geben, solchs alles williglich und gehorsamlich anzunehmen. Es ist doch ja dies verflucht[12] Leben nichts anders denn ein rechtes Jammertal, darin man je länger je mehr Sünde, Bosheit, Plage und Unglück siehet und erfähret, und ist des alles kein Aufhören noch Abnehmen da, bis man uns mit der Schaufel nachschlägt; da muß es doch aufhören und uns zufrieden in der Ruhe Christi schlafen lassen, bis er kömmt und wecke uns mit Fröhlichsein wieder auf, Amen.

Hiemit befehle ich Euch dem, der Euch lieber hat denn Ihr Euch selbst und solche Liebe beweiset hat, daß er Euer Sünd auf sich genommen und mit seinem Blut bezahlt, und solchs Euch durchs Evangelium wissen lassen und durch seinen Geist solchs zu glauben geschenkt, und also alles aufs Gewissest bereitet und versiegelt hat, daß Ihr nichts mehr dörfet weder sorgen noch Euch fürchten, denn daß Ihr mit Eurem Herzen fest und getrost bleibet an seinem Wort und Glauben. Wo das geschieht, so lasset ihn sorgen, er wird's wohl machen, ja, er hat's alsdenn schon aufs Allerbest gemacht, mehr denn wir begreifen mügen. Derselbig unser lieber Herr und Heiland sei mit und bei Euch, auf daß (Gott gebe, es gescheh hie oder dort) wir uns fröhlich wiederum sehen mügen. Denn unser Glaube ist gewiß, und wir zweifeln nicht, daß wir uns bei Christo wiederum sehen werden in kurzem, sintemal der Abschied von diesem Leben für Gott viel geringer ist, denn ob ich von Mansfeld hieher von Euch, oder Ihr von Wittenberg gen Mansfeld von mir zöget. Das ist gewißlich wahr: es ist um ein Stündlin Schlafs zu tun, so wird's anders werden.

Wiewohl ich nu hoff, daß Euer Pfarrherr und Prediger Euch in solchen Sachen ihren treuen Dienst reichlich werden erzeigen, daß Ihr meines Geschwätzes nicht fast[13] bedürft, hab ich doch nicht lassen mügen, mein leiblich Abwesen, das mir (Gott weiß) von Herzen wehe tut, zu entschuldigen.

Es grüßen Euch und bitten auch treulich für Euch meine Käthe, Hänsichen, Lenichen, Muhme Lehne[14] und das ganze Haus. Grüßet meine liebe Mutter und die ganze Freundschaft[15]. Gottes Gnade und Kraft sei und bleibe bei Euch ewiglich, Amen.

Zu Wittenberg, am 15. Februar, anno 1530.

Euer lieber Sohn
Martinus Luther

1 Jakob Luther (gest. 1570), ein jüngerer Bruder des Reformators, war Ratsherr in Mansfeld. 2 Es könnte sein, daß Luther hier an den englischen Schweiß denkt (vgl. Brief 34, Anm. 14 in dieser Ausgabe). 3 Gefahr. 4 ohnedies. 5 Cyriacus Kaufmann, ein Neffe Luthers, studierte seit 1529 in Wittenberg und wurde später Schultheiß in Mansfeld. 6 Phil. 1,6. 7 Eine Anspielung auf Gal. 6,17? 8 Röm. 8,17. 9 belügen noch betrügen. 10 Matth. 7,7. 11 Apg. 2,21. 12 Vgl. 1. Mose 3,16–19. 13 sehr. 14 Magdalena von Bora (gest. 1537), Tante Katharina Luthers. Wie ihre Nichte war auch sie früher im Kloster Nimbschen gewesen und hatte es bald nach 1523 verlassen. Seitdem lebte sie in Luthers Haus in Wittenberg. 15 Verwandtschaft.

36 An seine Tischgesellen[1] in Wittenberg[2]

Veste Coburg[3], 26. April 1530 (?)

Gnade und Friede in Christo! Lieben Herren und Freunde! Ich hab Euer aller Schreiben empfangen und, wie es allenthalben zustehet, vernommen. Auf daß Ihr wiederum vernehmet, wie es hie zustehet, füge ich Euch zu wissen, daß wir, nämlich ich, Magister Veit und Cyriacus[4], nicht auf den Reichstag zu Augsburg ziehen; wir sind aber sonst wohl auf einen andern Reichstag kommen.

Es ist ein Rubet[5] gleich für unserm Fenster hinunter, wie ein kleiner Wald, da haben die Dohlen und Krähen einen Reichstag hingelegt; da ist ein solch Zu- und Abreiten, ein solch Geschrei Tag und Nacht ohne Aufhören, als wären sie alle trunken, voll und toll; da keckt Jung und Alt durcheinander, daß mich wundert, wie Stimm und Odem so lang währen möge. Und möcht gerne wissen, ob auch solches Adels und reisigen Zeugs auch etliche noch bei Euch wären; mich dünkt, sie seien aus aller Welt hieher versammlet.

Ich habe ihren Kaiser noch nicht gesehen, aber sonst schweben und schwänzen der Adel und großen Hansen immer für unsern Augen; nicht fast[6] köstlich gekleidet, sondern einfältig in einerlei Farbe, alle gleich schwarz und alle gleich grauaugig; singen alle gleich einen Gesang, doch mit lieblichem Unterschied der Jungen und der Alten, Großen und Kleinen. Sie achten auch nicht der Großen Palast und Saal, denn ihr Saal ist gewölbet mit dem schönen weiten Himmel, ihr Boden ist eitel Feld, getäfelt mit hübschen grünen Zweigen, so sind die Wände so weit als der Welt Ende. Sie fragen auch nichts nach Rossen und Harnisch, sie haben gefiederte Räder, damit sie auch den Büchsen empfliehen und einm[7] Zorn entsitzen[8] können. Es sind große, mächtige Herren; was sie aber beschließen, weiß ich noch nicht. So viel ich aber von einem Dolmetscher habe vernommen, haben sie für einen gewaltigen Zug und Streit wider Weizen, Gersten, Hafern, Malz und allerlei Korn und Getreidig, und wird mancher Ritter hie werden und große Taten tun.

Also sitzen wir hie im Reichstag, hören und sehen zu mit großer Lust und Liebe, wie die Fürsten und Herrn samt andern Ständen des Reichs so fröhlich singen und wohlleben. Aber sonderliche Freude haben wir, wenn wir sehen, wie ritterlich sie schwänzen, den Schnabel wischen und die Wehr stürzen, daß sie siegen und Ehre einlegen wider Korn und Malz. Wir wünschen ihnen Glück und Heil, daß sie allzumal an einen Zaunstecken gespießet wären.

Ich halt aber, es sei nichts anders denn die Sophisten und

Papisten mit ihrem Predigen und Schreiben, die muß ich alle auf eim Haufen also für mich haben, auf daß ich höre ihre liebliche Stimme und Predigten und sehe, wie sehr nützlich Volk es ist, alles zu verzehren, was auf Erden, und dafür kecken für die lange Weil.

Heute haben wir die erste Nachtigall gehöret; denn sie hat dem April nicht wöllen trauen. Es ist bisher eitel köstlich Wetter gewest, hat noch nie geregnet, ohne[9] gestern ein wenig. Bei Euch wird's vielleicht anders sein. Hiemit Gott befohlen, und haltet wohl Haus. Aus dem Reichstag der Malztürken[10], den 28. April, anno 1530.

Martinus Luther, D.

1 Studenten, die bei Luther Freitisch genossen. 2 Die Echtheit dieses Briefes ist umstritten. Während O. Clemen (WAB 5,292f.) und zunächst auch H. Rückert (BoA 6,259) den Brief für eine aus anderen Briefen „zusammengestoppelte Fälschung" (Rückert) halten, sieht H. Bornkamm den Brief – mit gutem Grund, wie mir scheint – als authentisch an. (Martin Luther in der Mitte seines Lebens, Göttingen 1979, 591 A 31). 3 Der Kurfürst hatte Luther befohlen, aus Sicherheitsgründen – er war ja noch immer mit der Reichsacht belegt! – dem Augsburger Reichstag fernzubleiben. Luther konnte darum die Augsburger Verhandlungen nur von der Veste Coburg aus, dem südlichsten Punkt des Kurfürstentums Sachsen, mit seinem Rat begleiten. 4 Veit Dietrich und Cyriacus Kaufmann. 5 Brombeergesträuch. 6 sehr. 7 ihrem. 8 trotzen, standhalten. 9 nur. 10 Wohl eine Wortschöpfung Luthers; in Grimms Deutschem Wörterbuch (Bd. 6, 1517) ist das Wort nur mit dieser Stelle belegt.

37 An seine Frau

Veste Coburg, 5. Juni 1530

Meiner herzlieben Hausfrauen Katherin Lutherin zu Wittenberg zu Handen.

Gnad und Friede in Christo! Liebe Käthe! Ich hab, acht ich, Deine Briefe alle empfangen, so ist dies der vierte Brief, den ich Dir schreibe[1], sint[2] daß Herr Johann[3] von hinnen zu Dir gangen ist. Lenchen konterfeit[4] hab ich mit der Schachtel auch. Ich kannte das Hürlin zuerst nicht, so schwarz deucht mich's sein. Ich halte, wo Du es willst absetzen von Wehnen[5], daß gut sei, meilinger Weise[6], also daß Du ihr zuerst eines Tages einmal abbrechest, darnach des Tages zweimal, bis also säuberlich[7] abläßt. Also hat mir Georgen von Grumbachs[8] Mutter, Frau Argula[9], geraten, die ist hier bei uns gewest und hat mit mir gessen, Hans Reinecke von Mansfeld[10] auch und George Römer[11], daß wir müssen an einen andern Ort, es will zu gemeiner Wallfahrt hieher werden.

Sage Meister Christianus[12], daß ich mein Tage schändlicher Brillen nicht gesehen habe, denn die mit seinem Briefe kommen. Ich kund nicht ein Stich dadurch sehen. So ist mir auch der Brief an Cuntzen Vater[13] nicht worden. Auch bin ich nicht zu Coburg[14], kann ich aber sonst dazu tun, will ich's nicht lassen. Du sollt aber gleichwohl Deine Briefe dem Kastner[15] lassen zustellen, der wird mir sie wohl schaffen[16].

Man beginnet beide zu Nürnberg und Augsburg zu zweifeln, ob etwas aus dem Reichstage werde. Der Kaiser verzeucht noch immer zu Innsbruck, die Pfaffen haben etwas fur und gehet mit Kräutern[17] zu, Gott gebe, daß sie der Teufel bescheiße; Amen. Laß den Herrn Pommer[18] den Brief an Doktor Wenzels[19] lesen. Eilend, der Bote wollt nicht harren, Grüße, Küsse, Herze und sei freundlich allen und jeder nach seinem Stande! Am Pfingsttag, frühe, 1530.

Martin Luther

1 Die vorausgegangenen drei Briefe Luthers sind verloren. 2 seit. 3 Unbekannt. 4 portraitiert. Am 19. Juni schrieb Veit Dietrich an Katharina Luther nach Wittenberg: „Ihr habt ein sehr gut Werk getan, daß Ihr dem Herrn Doktori die Kontrafaktur (das Portrait) geschickt habt, denn er über die Maßen viel Gedanken (erg.: an den eben verstorbenen Vater) vergisset. Er hat's gegen den Tisch über an die Wand geklebet, da wir essen in des Fürsten Gemach. Da er's am ersten ansahe, kunnt er sie lang nicht kennen. Ei, sprach er, die Lene ist ja so schwarz! Aber jetzt gefällt sie ihm wohl und dünkt ihm je länger je mehr, es sei Lenchen. Sie sieht dem Hänsichen über die Maßen gleich mit dem Mund, Augen und Nase, in Summa mit dem ganzen Angesicht, und wird ihm noch gleich werden" (WAB 5; 379,3–12). 5 entwöhnen. 6 mählicher Weise, allmählich. 7 behutsam. 8 Georg von Grumbach (gest. 1539); wurde 1529 in Wittenberg immatrikuliert. 9 Argula von Grumbach, geb von Stauf (um 1490 bis nach 1554); sie stand 1522/23 mit Luther in Briefwechsel und verteidigte daraufhin seine Lehre in Flugschriften. 10 Hans Reinecke (gest. 1538); Schulkamerad Luthers und späterer Hüttenmeister in Mansfeld. 11 Georg Römer; er studierte 1516 in Leipzig, 1519 in Wittenberg und wird später ebenfalls Hüttenmeister in Mansfeld. 12 Christian Döring (gest. 1533); Goldschmied, Buchdrucker und -händler. Von 1519 bis 1531 war er

Ratsherr in Wittenberg. 13 Unbekannt. 14 nicht in der Stadt Coburg. 15 Paul Bader (Eichhorn) (gest. 1541); er war seit 1519 in Coburg als Kastner für die landesherrlichen Güter und Einkünfte verantwortlich. 16 verschaffen, zustellen. 17 mit unrechten Dingen. 18 Johann Bugenhagen. 19 Wenzeslaus Link (1483–1547); vgl. dazu S. 137.

38 An Melanchthon

Veste Coburg, 5. Juni 1530

Gnade und Friede in Christo! Im letzten Brief habe ich Dir geschrieben, lieber Philippus, daß wir uns darüber ärgern, daß Ihr den Boten habt ohne Briefe zu uns zurückkehren lassen, obwohl Ihr doch so viele seid und fast alle des Schreibens kundig. Nun habt Ihr wieder einen Boten ohne Briefe zurückgehen lassen, zuerst den Boten von Apel[1] und jetzt den Coburger Fuhrmann, der das Wildbret gebracht hat. Ich weiß wirklich nicht, ob Ihr so nachlässig oder unwillig seid, obwohl Ihr doch wißt, daß wir hier in der Wüste sitzen wie auf dürrem Land und nach Euren Briefen lechzen, aus denen wir alles Eurige erfahren wollen. Wir haben immerhin gehört, der Kaiser habe den Augsburgern befohlen, ihr Kriegsvolk zu entlassen und die Sperren in den Straßen abzureißen.

Vorgestern war Argula von Staufen hier, die von dem wunderlichen Pomp erzählt hat, mit dem der Herzog von Bayern in München den Kaiser mit Schauspielern und anderen neuen Ehrungen empfangen hat. Endlich beginnen sie uns von Nürnberg aus zu überzeugen, der Kaiser werde nicht zum Reichstag kommen und der Reichstag werde weiterhin vergebens sein, nämlich durch den Eifer und die List der Bischöfe. Wenn das geschieht, ist es ein Zeichen für Gottes unversöhnlichen Zorn auf die Bischöfe, wie wenn er auch unsere Bitten für sie nicht erhören wollte.

Wenn die Meinungen über mein Buch[2] auseinandergehen, so laß Dich dadurch nicht beunruhigen: mein Gott ist ein Gott der Toren und pflegt der Weisen zu spotten. Darum kümmere ich mich auch nicht um sie.

Heute hat mir Hans Reinicke[3] geschrieben, daß mein liebster Vater, der alte Hans Luther, aus diesem Leben verschieden sei am Sonntag Exaudi[4], in der ersten Stunde. Dieser Tod hat mich in große Trauer gestürzt, denn ich erinnere mich nicht nur seines Wesens, sondern auch seiner herzlichen Liebe: aus ihm hat mir mein Schöpfer gegeben, was ich bin und habe. Und obwohl mich tröstet, daß er schreibt, er sei, stark im Glauben an Christus, sanft entschlafen, so hat mich doch das Leid und die Erinnerung an den herzlichen Umgang mit ihm im Innersten erschüttert, daß ich den Tod kaum einmal so verachtet habe. Aber „der Gerechte ist weggerafft vor dem Bösen und geht ein zum Frieden“[5]; so oft sterben wir, bevor wir erst wirklich sterben.

Ich folge jetzt in der Erbschaft des Namens, so daß ich gewissermaßen der alte Luther in meiner Familie bin. So muß ich nun nicht allein zufällig, sondern rechtmäßig ihm durch den Tod in das Reich Christi folgen, das uns allen gnädig gewähren möge der, um dessentwillen wir elender sind als alle übrigen Menschen und ein Schimpf der ganzen Welt.

Ich bin jetzt aber zu traurig, um noch weiter zu schreiben, denn es ziemt und frommt sich, daß ich als Sohn um diesen Vater trauere, aus dem mich der Vater der Barmherzigkeit[6] geboren, durch dessen Arbeit er mich genährt hat und gebildet, wie ich bin. Ich freue mich sehr, daß er bis in diese Zeit gelebt hat, damit er das Licht der Wahrheit sehen konnte. Gelobt sei Gott in allen seinen Taten und Ratschlüssen in Ewigkeit, Amen. Anderes ein andermal. Grüße alle die Unseren. Am Pfingsttag 1530.

Martinus Luther D.

1 Johannes Apel (1486–1536); er stammte aus Nürnberg, war zunächst bischöflicher Rat und Chorherr in Würzburg, wurde aber 1523 wegen seiner Heirat entlassen und vorübergehend inhaftiert. In seiner Wittenberger Zeit – dort hatte er das Amt eines Professors der Jurisprudenz inne – befreundete er sich mit Luther. 1524 ging Apel nach Nürnberg. 2 „Vermahnung an die Geistlichen, versammelt auf dem Reichstag zu Augsburg“, 1530 (WA 30,2; 268–356). 3 Vgl. Brief 37, Anm. 11 in dieser Ausgabe. 4 29. Mai. 5 Jes. 57,1f. 6 2. Kor. 1,3.

39 An Melanchthon

Veste Coburg, 7. Juni 1530

Gnade und Frieden in Christo! Ich sehe, daß Ihr alle beschlossen habt, uns durch Schweigen mürbe zu machen. Damit wir nicht ohne Vergeltung vergehen, zeigen wir Euch mit diesem Brief an, daß wir dann mit Euch im Schweigen wetteifern werden. Und wenn Ihr es vielleicht auch geringschätzt, so lobe ich doch die Wittenberger, die, obwohl sehr beschäftigt, dreimal schreiben, bevor ihr, die ihr untätig seid, einmal schreibt.[1]

Ich habe Trost empfangen über den Tod meines lieben Vaters. Willst Du mehr darüber wissen, so kannst Du es dem beiliegenden Brief von Michael Cölius[2] entnehmen. Hier halte ich meine Feder an, damit ich Euch, den Schweigenden, nicht mehr zurückschreibe. Grüße alle die Unsern. Die Gnade Gottes sei mit Euch, Amen. 7. Juni 1530.

Meine Herrin Käthe hat geschrieben, die Elbe sei wieder über die Ufer getreten, obwohl es dort noch nicht geregnet habe. Des vielen Wassers Wunder sind viele. Leb wohl.

Dein Martinus Luther

1 Melanchthon war auf dem Reichstag in Augsburg. 2 Michael Cölius (1492–1559); er stammte aus Döbeln, studierte 1509–11 in Leipzig und arbeitete dann als Lehrer. 1518 wurde er in Merseburg zum Priester geweiht, kam aber schon im Jahr darauf – unter dem Eindruck der Leipziger Disputation – nach Wittenberg. Von hier aus wurde er als Prediger nach Bensen (Nordböhmen) berufen, dort aber 1523 wegen seiner Predigten abgesetzt und bedroht. Er flüchtete zu Luther nach Wittenberg und wurde 1525 durch dessen Vermittlung als Schloßprediger Graf Albrechts VII. nach Mansfeld berufen.

40 An seinen Sohn Johannes

Veste Coburg, 19. Juni 1530

Meinem herzlieben Sohn Hänschen Luther[1] zu Wittenberg.

Gnade und Friede in Christo! Mein herzlieber Sohn, ich sehe gern, daß du wohl lernest und fleißig betest. Tue also, mein Sohn, und fahre fort. Wenn ich heim komme, so will ich Dir ein schön Jahrmarkt mitbringen. Ich weiß ein hübschen, schönen lustigen Garten. Da gehen viel Kinder innen, haben guldene Röcklin an und lesen schöne Öpfel unter den Bäumen und Birnen, Kirschen, Spilling[2] und Pflaumen, singen, springen und sind fröhlich. Haben auch schöne kleine Pferdlin mit gulden Zäumen und silbern Sätteln. Da fragt ich den Mann, des der

Garten ist, wes die Kinder wären? Da sprach er: Es sind die Kinder, die gern beten, lernen und fromm sein. Da sprach ich: Lieber Mann, ich hab auch einen Sohn, heißt Hänsichen Luther, möcht er nicht auch in den Garten kommen, daß er auch solche schöne Öpfel und Birne essen möchte und solche feine Pferdlin reiten und mit diesen Kindern spielen? Da sprach der Mann: Wenn er gerne betet, lernet und fromm ist, so soll er auch in den Garten kommen, Lippus[3] und Jost[4] auch. Und wenn sie all zusammen kommen, so werden sie auch Pfeiffen, Pauken, Lauten und allerlei andere Saitespiel haben, auch tanzen und mit kleinen Armbrüsten schießen. Und er zeigt mir dort eine feine Wiesen im Garten, zu tanzen zugericht, da hingen eitel guldene Pfeiffen und Pauken und feine silberne Armbruste. Aber es war noch frühe, daß die Kinder noch nicht gessen hatten, darum kunnte ich des Tanzes nicht erharren und sprach zu dem Mann: Ah, lieber Herr, ich will flugs hingehen und das alles meinem lieben Sohn Hänschen schreiben, daß er ja fleißig lerne, wohl bete und fromm sei, auf daß er auch in diesen Garten komme. Aber er hat eine Muhme Lene[5], die muß er mitbringen. Da sprach der Mann: Es soll ja sein, gehe hin und schreib's ihm also.

Darum, lieber Sohn Hänsichen, lerne und bete ja getrost und sage es Lippus und Justen auch, daß sie auch lernen und beten, so werdet ihr miteinander in den Garten kommen. Hiemit bis[6] dem lieben Gott befohlen und grüße Muhme Lenen und gib ihr einen Bus[7] von meinetwegen. Dein lieber Vater Martinus Luther.

1 Der kleine Johannes war gerade vier Jahre alt geworden. 2 Gelbe Pflaumen. 3 Philipp Melanchthon d. J. (geb. 3. Februar 1525). 4 Justus Jonas d. J. (geb. 3. Dezember 1525). 5 Siehe Brief 35, Anm. 14 in dieser Ausgabe. 6 sei. 7 Kuß.

41 An seine Frau

Veste Coburg, 14. August 1530

Gnade und Friede in Christo! Meine liebe Käthe! Dieser Bote lief eilend vorüber, daß ich nichts mehr schreiben konnte, ohne daß ich nicht wollte ohne meine Handschrift ihn lassen gehen. Du magst Herr Johann Pommern[1] und allen sagen, daß ich balde mehr schreiben will. Wir haben noch nichts von Augsburg, warten aber alle Stunden auf Botschaft und Schrift. Aus fliegenden Reden haben wir, daß unsers Widerparts Antwort[2] solle öffentlich gelesen sein, man habe aber den Unsern keine Abschrift wollen geben, daß sie darauf antworten möchten. Weiß nicht, ob's wahr ist. Wo sie das Licht so scheuen, werden die Unsern nicht lange bleiben. Ich bin seit Lorenzentag[3] fast[4] gesund gewesen und kein Sausen im Kopfe gefühlet; das hat mich fein lustig gemacht zu schreiben, denn bisher hat mich das Sausen wohl zuplaget. Grüße alle und alles! Ein andermal weiter. Gott sei mit Euch, Amen. Und betet getrost, denn es ist wohl angelegt, und Gott wird helfen. Gegeben am Sonntage nach Lorenzentage anno 1530.

Martinus Luther

1 Bugenhagen (siehe Brief 1, Anm. 4 in dieser Ausgabe). 2 Die Confutatio, die Antwort der Altgläubigen auf das in der Confessio Augustana formulierte grundlegende Bekenntnis der lutherischen Kirche, war am 3. August öffentlich verlesen worden. 3 10. August. 4 sehr, ganz.

42 An seine Frau

Veste Coburg, 15. August 1530

Meinem lieben Herrn, Frau Katherin Lutherin zu Wittenberg, zu Handen.

Gnad und Friede in Christo! Mein liebe Käthe! Als ich den Brief[1] hatte zugemacht, kamen mir diese Briefe[2] von Augsburg. Da ließ ich den Boten aufhalten, daß er sie mit sich nehme. Daraus werdet ihr wohl vernehmen, wie es zu Augsburg mit unser Sache stehe, fast wie ich im andern Briefe geschrieben habe. Laß Dir sie Peter Weller[3] lesen[4] oder Herr Johann Pommer[5]. Gott helfe weiter, wie er gnädiglich angefangen hat, Amen. Itzt kann ich nicht mehr schreiben, weil der Bote so wegfertig dasitzt und harret kaume. Gruße unsern lieben Sack[6]. Ich hab Deinen Brief an die Kastnerin[7] gelesen, und sie dankt Dir sehr. Hans Polner[8] hab ich Peter Wellern befohlen, siehe zu, daß er sich gehorsamlich halte. Gruße Hansen Luthern und seinen Schulmeister[9], dem will ich bald auch schreiben. Gruße Muhme Lehnen und allesamt! Wir essen hie reife Weintrauben, wiewohl es diesen Mond heraußen sehr naß gewest ist. Gott sei mit Euch allen, Amen. Aus der Wüste, am Tage Mariä Himmelfahrt 1530. Mart. Luther

Wie verdreußt mich's, daß unser Drucker so schändlich verziehen mit den Exemplaren[10]! Ich schicke solch Exemplar darum hinein, daß sie bald sollten fertig werden, da machen sie mir ein Lagerobst draus. Wollt ich sie so liegen haben, ich hätte sie wohl hie bei mir auch wissen zu halten. Ich hab Dir geschrieben[11], daß Du den Sermon[12] (wo er nicht angefangen) von Schirlenz[13] nehmen und Georgen Rhau[13] geben solltest. Ich kann doch wohl denken, daß Schirlenz sein groß Exemplar kaum zu verlegen hat mit Papier. Ist das nicht geschehen, so schaffe, daß[14] hoch bald geschehe und der Sermon aufs forderlichst gefertigt werde.

1 Luthers Brief vom Vortag an seine Frau; siehe Nr. 41 in dieser Ausgabe. 2 von Jonas, Melanchthon, Camerarius und Agricola. 3 Peter Weller (1503–1536); er stand seit 1529 im Dienst Herzog Albrechts von Preußen, der ihn 1530–34 nach Wittenberg entsandte In dieser Zeit war Weller Luthers Tischgast. 4 Vorlesen bzw. übersetzen; Käthes Lateinkenntnisse dürften kaum ausgereicht haben, diese lateinischen Briefe allein zu verstehen. 5 Bugenhagen. 6 Nickel Sack von Geilsdorf (gest. 1547)?. 7 Barbara Bader geb. Hiltner, die Frau von Paul Bader (siehe Brief 37, Anm. 16 in dieser Ausgabe). 8 Hans Polner; ein Neffe Luthers, der sich 1530 in Wittenberg immatrikulierte und später Schulmeister in Zahna, 1547 dann Pfarrer in Jessen wurde. 9 Hieronymus Weller (1499–1572); er studierte von 1527–1535 in Wittenberg und war zunächst Lehrer in Luthers Haus, später dann Professor der Theologie in Freiberg. 10 Druckmanuskripten. 11 Dieser Brief ist verloren. 12 „Eine Predigt, daß man Kinder zur Schulen halten solle", 1530 (WA 30,2; 517–588). 13 Drucker in Wittenberg. 14 daß es.

43 An seine Frau

Veste Coburg, 8. September 1530

Gnade und Friede in Christo. Mein liebe Käthe, dieser Bote lief eilend vorüber, daß ich nicht viel schreiben kunnte. Hoff aber, wir wollen schier[1] selbst kommen, denn dieser Bot bringt uns von Augsburg Briefe, daß die Handlung in unser Sache ein Ende habe und man nu wartet, was der Kaiser schließen und urteilen wird. Man hält's dafür, daß es werde alles aufgeschoben auf ein künftig Concilium, denn der Bischof zu Mainz[2] und Augsburg[3] halten noch fest, so wollen der Pfalzgrafe[4], Trier[5] und Köln[6] nicht zum Unfried oder Kriege willigen. Die andern wollten gern wüten und versehen sich, daß der Kaiser mit Ernst gebieten werde. Es geschehe, was Gott will, daß nur des Reichstags ein Ende werde, wir haben genug getan und erboten, die Papisten wollen nicht ein Haarbreit weichen, darmit wird einer kommen, der sie lehren soll weichen und räumen. Mich wundert, warum Hans Weiß[7] den Psalm[8] nicht hat angenommen. Ich hätt nicht gemeint, daß er so ekel[9] wäre, ist's doch ein kostlich Exemplar. Schicke vollend hiemit denselbigen ganz, und gonn ihn Georgen Rhauen[10] wohl. Gefällt das Exemplar[11] von den Schlüsseln[12] Herr Johann Pommern[13] und Crucigern[14], so laß immerhin drucken. Es ist doch nichts, daß man dem Teufel feiret[15]. Wer Dir gesagt hat, daß ich krank sei, wundert mich fast[16], und Du siehest ja die Bucher vor Augen, die ich schreibe. So hab ich ja die Propheten alle aus, ohn Ezechielem, darin ich itzt bin, und im Sermon vom Sakrament[17], ohn was sonst des Schreibens mit Briefen und anderes mehr ist. Ich kunnt itzt nicht mehr vor Eilen schreiben. Grüßt alle und alles! Ich hab ein groß schon Buch von Zucker Hansen Luther, das hat Cyriacus[18] von Nürnberg bracht aus dem schönen Garten. Hiemit Gott befohlen und betet! Mit Polner[19] mach's nach Rat des Pommers und Wellers[20]! Aus der Wüste, am VIII. Septembris 1530.

Martinus Luther

1 bald. 2 Kardinal Albrecht; siehe Brief 15, Anm. 7 in dieser Ausgabe. 3 Christoph von Stadion (1478–1543); seit 1517 Bischof von Augsburg. Er setzte sich, von Erasmus beeinflußt, für kirchliche Reformen und eine Verständigung mit den Protestanten ein. 4 Ludwig V. (1487–1544); Bruder Friedrichs des Weisen, seit 1508 Kurfürst von der Pfalz. Obwohl er selbst katholisch blieb, kam er der Etablierung des Protestantismus in der Pfalz weit entgegen. 5 Richard von Greifenklau (1467–1531), seit 1511 Erzbischof von Trier. 6 Hermann V. von Wied (1478–1552), seit 1515 Erzbischof von Köln. Er unterstützte seit 1535 kirchliche Reformkräfte und versuchte 1542/43, das Erzstift zu reformieren. Nach seiner Exkommunikation 1546 dankte er 1547 ab. 7 Drucker in Wittenberg. 8 Es handelt sich um die 2. Auflage seiner Schrift „Der 117. Psalm ausgelegt", 1530 (WA 31,1; 219–257). 9 Schwierig, eigen. 10 Drucker in Wittenberg. 11 hier: Manuskript. 12 „Von den Schlüsseln", 1530 (WA 30,2; 435–507); die Schrift handelt von der Beichte. 13 Bugenhagen; siehe

Brief 1, Anm. 4 in dieser Ausgabe. 14 Caspar Cruciger; siehe Brief 4, Anm. 6 in dieser Ausgabe. 15 dem Teufel zuliebe Ferien macht. Der Kurfürst hatte am 21. Juli verfügt, Luther solle nichts gegen die Altgläubigen veröffentlichen. 16 sehr. 17 „Vermahnung zum Sakrament des Leibes und Blutes Christi", 1530 (WA 30,2; 595–626). 18 Cyriakus Kaufmann; siehe Brief 35, Anm. 5 in dieser Ausgabe. 19 Hans Polner; siehe Brief 42, Anm. 8 in dieser Ausgabe. 20 Peter Weller; siehe Brief 42, Anm. 3 in dieser Ausgabe.

44 An seine Frau

Veste Coburg, 24. September 1530

Zu Händen Frauen Katherin Doktor Lutherin zu Wittenberg.

Gnad und Friede in Christo! Mein liebe Käthe! Gestern hab ich Dir geschrieben[1] und einen Brief meines gnädigsten Herrn mitgeschickt, daraus Du vernehmen kannst, wie die Unsern zu Augsburg wollen auf sein[2]. Demnach hoffe ich (wo Gott Gnade gibt), wollen wir in vierzehen Tagen bei Euch daheimen sein[3]. Wiewohl ich acht, unser Sache werde nicht gar unverdammt bleiben. Da liegt auch nicht Macht an. Sie wollen schlecht[4] die Munch und Nonnen wieder in die Kloster haben. Doch hat der Rietesel[5] anher geschrieben, er hoffe, daß man zu Augsburg werde abscheiden mit Frieden in allen Gassen. Das gebe Gott. Und wäre eine große Gnade. So bedurften wir's alle wohl, weil der Türk so an uns will.

Weiter wirst Du wohl von Hornungen[6] horen. Hiemit seid alle Gott befohlen, Amen. Sonnabends nach Matthaei 1530.

Martinus Luther

1 Dieser Brief ist verloren. 2 Sie wollen Augsburg verlassen. 3 Luther kam am 13. Oktober in Wittenberg an. 4 schlechterdings. 5 Johann von Riedesel; kursächsischer Kämmerer. 6 Wolf Hornung. Er hatte 1525 Brandenburg verlassen müssen, weil er seine Frau Katharina, die Geliebte Joachims I., im Streit verletzt hatte, und hielt sich im ernestinischen Sachsen auf, wo er sich seinen Unterhalt u. a. durch Botendienste sicherte. Als sich seine Frau später mit ihm aussöhnen wollte, bat sie Luther um Vermittlung.

45 An Ludwig Senfl

Veste Coburg, 1. (4.?) Oktober 1530

Gnade und Friede in Christus. Obwohl mein Name verhaßt ist, so sehr, daß ich darum fürchten muß, ob der Brief, den ich schicke, bester Ludwig, von Dir überhaupt empfangen und gelesen werde, so hat doch die Liebe zur Musik, mit der ich Dich von meinem Gott geschmückt und begabt sehe, diese Furcht überwunden. Diese Liebe läßt mich auch hoffen, daß Dir mein Brief keine Gefahr bringen werde; denn wer würde selbst einen Türken tadeln, wenn er die Kunst liebte und den Künstler lobte? Selbst Deine bayrischen Herzöge[1], die mir in höchstem Maße ungnädig sind, lobe ich durchaus und ehre sie dennoch vor andern, weil sie die Musik so fördern und ehren. Und es besteht kein Zweifel, daß viele Samen guter Tugenden in den Seelen derer angelegt sind, die von Musik berührt werden; die davon aber nicht berührt werden, scheinen mir Klötzen und Steinen zu gleichen. Denn wir wissen, daß die Musik noch den Dämonen verhaßt und nicht zu ertragen ist. Und ich erkläre ausdrücklich und scheue mich nicht zu behaupten, daß es nach der Theologie keine Kunst[2] gibt, die der Musik zu vergleichen ist, da allein sie, nach der Theologie, zuwege bringen kann, was sonst allein die Theologie zuwege bringt, nämlich ein beruhigtes und fröhliches Gemüt. Ein deutlicher Beweis dafür ist, daß der Teufel, der Urheber bitteren Kummers und ruheloser Verwirrung, beim Klang der Musik fast ebenso flieht wie bei dem Wort der Theologie. Das ist der Grund, weshalb die Propheten sich keiner Kunst so bedient haben wie der Musik, sodaß sie ihre Theologie nicht in Geometrie, nicht in Arithmetik, nicht in Astronomie gefaßt haben, sondern in Musik[3]. So haben sie Theologie und Musik aufs Engste verbunden und die Wahrheit in Psalmen und Liedern verkündet[4]. Aber was lobe ich jetzt die Musik und bemühe mich, in einem so kleinen Briefchen eine derart große Sache abzubilden oder vielmehr zu entstellen? Aber meine Leidenschaft für sie, die mich so oft erfrischt und von großen Beschwerlichkeiten befreit hat, schäumt über und sprudelt derart hervor.

Ich komme auf Dich zurück und bitte, wenn Du eine Bearbeitung des Gesangs „Ich lege und schlafe ganz mit Frieden“[5] hast, so lasse sie mir doch abschreiben und zukommen. Denn diese Melodie hat mich von Jugend auf vergnügt und jetzt noch viel mehr, nachdem ich auch die Worte verstehe. Denn ich habe diese Antiphon[6] nie mehrstimmig gesetzt gesehen. Ich will Dich aber nicht mit der Mühe, sie zu komponieren, beladen, sondern vermute, daß Du sie anderweitig komponiert hast.

Ich hoffe durchaus, daß das Ende meines Lebens bevorsteht, und die Welt haßt mich und kann mich nicht ertragen, mir dagegen ist die Welt ein Ekel, und ich verabscheue sie; so möge der beste und getreue Hirte[7] meine Seele zu sich nehmen[8]. Darum habe ich schon begonnen, diese Antiphon zu singen, und möchte sie gern komponiert hören. Wenn Du sie nicht hast oder nicht kennst, so schicke ich sie hier in Noten geschrieben, die Du, wenn Du magst, auch nach meinem Tod komponieren kannst[9]. Der Herr Jesus sei mit Dir in Ewigkeit, Amen. Entschuldige meine Verwegenheit und Weitschweifigkeit. Grüße Deinen ganzen Musikchor ehrerbietig von mir. Aus Coburg, 4. Oktober 1530. Martinus Luther

1 Wilhelm IV. (1493–1550) trat 1511 die Herrschaft in Bayern an und regierte seit 1516 gemeinsam mit seinem Bruder Ludwig X. (1495–1545). Beide waren energische Gegner Luthers. 2 Das lateinische „ars" bedeutet sowohl ‚Kunst' wie auch ‚Wissenschaft'. 3 Das sind die vier Fächer des Quadriviums, die zusammen mit den drei Fächern des Triviums (Grammatik, Rhetorik, Dialektik) die septem artes liberales (sieben freie Künste) und somit den Grundstock der philosophischen Ausbildung des Mittelalters darstellen. 4 Luther könnte an 1. Sam. 10,5 und Jes. 5,1 gedacht haben. 5 „in pace in id ipsum"; Ps. 4,9. Es wird berichtet, daß Luther auf der Veste Coburg oft dieses Lied gesungen habe. 6 Liturgischer Psalmgesang. 7 1. Petr. 2,25. 8 1. Kön. 19,4. 9 Senfl scheint daraufhin zwei Kompositionen an Luther gesandt zu haben: „Non moriar, sed vivam", eine Vertonung von Ps. 118,17, sowie das gewünschte „In pace in id ipsum". Das erste Stück hat sich erhalten, während das zweite verschollen ist.

46 An seine Mutter

Wittenberg, 20. Mai 1531

Gnad und Friede in Christo Jesu, unserm Herrn und Heiland, Amen. Mein herzliebe Mutter! Ich hab die Schrift meines Bruders, Jakobs[1], von Euer Krankheit empfangen, und ist mir ja herzlich leid, sonderlich daß ich nicht kann leiblich bei Euch sein, wie ich wohl gerne wäre; aber doch erscheine ich hie mit dieser Schrift leiblich und will ja nicht von Euch sein geistlich, samt allen den Unsern.

Wiewohl ich aber hoffe, daß Euer Herz ohn das längest und reichlich gnug unterricht, und (Gott Lob) sein tröstlich Wort wohl innen habt, dazu mit Predigern und Tröstern allenthalben versorgt seid, so will ich doch das Meine auch tun und meiner Pflicht nach mich Euer Kind und Euch für meine Mutter erkennen, wie unser beider Gott und Schöpfer uns gemacht und gegeneinander verpflichtet hat, damit ich zugleich den Haufen Euer Tröster vermehre.

Erstlich, liebe Mutter, wisset Ihr von Gottes Gnaden nu wohl, daß Euer Krankheit seine väterliche gnädige Rute ist und gar ein geringe Rute gegen die, so er uber die Gottlosen, ja auch oft uber seine eigene liebe Kinder schickt, da einer geköpft, der ander verbrannt, der dritte ertränkt wird und so fortan, daß wir allesamt müssen singen: Wir werden um Deinen Willen täglich getötet und sind gleichwie die Schlachtschafe[2]. Darum Euch solche Krankheit nicht soll betrüben noch bekümmern, sondern sollet sie mit Dank annehmen als von seiner Gnaden zugeschickt, angesehen, wie gar ein geringes Leiden es ist, wenn es gleich zum Tode oder Sterben sollt, gegen das Leiden seines eigen lieben Sohns, unsers Herrn Jesu Christi, welches er nicht für sich selbst, wie wir, leiden müssen, sondern für uns und unser Sünde erlitten hat.

Zum andern wisset Ihr, liebe Mutter, auch das rechte Häuptstück und Grund Euer Seligkeit, worauf Ihr Euren Trost setzen sollt in dieser und allen Nöten, nämlich den Eckstein, Jesum Christum[3], der uns nicht wanken noch feilen[4] wird, auch uns nicht sinken noch untergehen lassen kann. Denn er ist der Heiland und heißt der Heiland aller armen Sünder und aller, die in Not und Tod stecken, so auf ihn sich verlassen und seinen Namen anrufen.

Er spricht[5]: Seid getrost, ich hab die Welt uberwunden. Hat er die Welt uberwunden, so hat er auch gewißlich den Fürsten der Welt mit aller seiner Macht uberwunden. Was ist aber seine Macht anders denn der Tod, damit er uns unter sich geworfen, um unser Sünde willen gefangen hatte? Aber nu der Tod und Sünde uberwunden ist, mügen wir fröhlich und tröstlich das süße Wort hören: Seid getrost, ich hab die Welt uberwunden. Und sollen ja nicht zweifeln, es sei gewißlich wahr, und nicht allein das, sondern uns wird auch geboten, daß wir sollen mit Freuden uns solches Trosts annehmen und mit aller Danksagung. Und wer sich solche Wort nicht wollt trösten lassen, der tät dem lieben Tröster Unrecht und die größte Unehre, gleich als wäre es nicht wahr, daß er uns heißt getrost sein, oder als wäre es nicht wahr, daß er die Welt hätte uberwunden, damit wir den uberwunden Teufel, Sünde und Tod uns selbst wieder zum Tyrannen stärken wider den lieben Heiland, da uns Gott fur behüte.

Derhalben mügen wir nu mit aller Sicherheit und Freudigkeit uns freuen, und wo uns will etwa ein Gedanken von der Sünde oder Tod erschrecken, wir dagegen unser Herz erheben und sagen: Siehe, liebe Seele, wie tust du? Lieber Tod, liebe Sünde, wie lebest du und schreckest mich? Weißt du nicht, daß du uberwunden, und du, Tod, gar tot bist? Kennest du nicht einen, der von dir sagt: Ich hab die Welt uberwunden! Mir gebührt nicht, dein Schrecken zu hören noch anzunehmen, sondern die Trostwort meines Heilands: Seid getrost, seid getrost, ich hab die Welt uberwunden.

Das ist der Siegmann, der rechte Held, der mir hiemit seinen Sieg gibt und zueigent: Seid getrost! Bei dem bleib ich, des Worts und Trosts halte ich mich, darauf bleibe ich hie, oder fahre dorthin, er leuget mir nicht. Dein falsches Schrecken wollt mich gerne betriegen und mit Lügengedanken von solchem Siegmann und Heiland reißen, und ist doch erlogen, so wahr es ist, daß er dich uberwunden und uns getrost zu sein geboten hat.

Also rühmet Sankt Paulus auch und trotzet wider des Todes Schrecken[6]: Der Tod ist verschlungen im Sieg: Tod, wo ist dein Sieg? Hölle, wo ist dein Stachel? Schrecken und reizen kannst du wie ein hülzern Todesbilde, aber Gewalt hast du nicht zu würgen. Denn dein Sieg, Stachel und Kraft ist im Sieg Christi verschlungen; die Zähne magst du blecken, aber fressen kannst du nicht. Denn Gott hat uns den Sieg wider dich gegeben, durch Jesum Christum, unsern Herrn, dem sei Lob und Dank gesagt[7], Amen.

Mit solchen Worten und Gedanken, liebe Mutter, lasset sich Euer Herz bekümmern und sonst mitnichte, und seid ja dankbar, daß Euch Gott zu solchem Erkenntnis bracht hat und nicht lassen stecken in dem päpstischen Irrtum, da man uns gelehrt hat, auf unser Werk und der Mönchen Heiligkeit bauen und diesen einigen Trost, unsern Heiland, nicht für einen Tröster, sondern für einen grausamen Richter und Tyrannen halten, daß wir von ihm zu Maria und den Heiligen haben müssen fliehen und uns keiner Gnaden noch Trost zu ihm haben versehen können.

Aber nu wissen wir's anders von der grundlosen Güte und Barmherzigkeit unsers himmlischen Vaters, daß Jesus Christus unser Mittler[8] und Gnadenstuhl[9] ist und unser Bischof im Himmel fur Gott, der uns täglich vertritt und versühnet, alle, die nur an ihn gläuben und ihn anrufen[10], und nicht ein Richter ist noch grausam, ohn allein uber die, so ihm nicht gläuben noch seinen Trost und Gnad annehmen wollen. Es ist nicht der Mann, der uns verklagt noch dräuet, sondern der uns versühnet und vertritt durch seinen eigenen Tod und Blut, für uns vergossen, daß wir uns nicht fur ihm fürchten, sondern mit aller Sicherheit zu ihm treten und ihn nennen sollen: Lieber Heiland, du süßer Tröster, du treuer Bischof unser Seelen[11] etc.

Zu solchem Erkenntnis (sage ich) hat Euch Gott gnädiglich berufen, des habt Ihr sein Siegel und Briefe, nämlich das Evangelium, die Taufe und das Sakrament[12], so ihr höret predigen, also, daß kein Fahr noch Not mit Euch haben soll. Seid nur getrost und danket mit Freuden solcher großer Gnaden! Denn der es in Euch angefangen hat, wird es auch gnädiglich vollenden[13]. Denn wir können uns selbst in solchen Sachen nicht helfen, wir mügen der Sünden, Tod und Teufel nichts abgewinnen mit unsern Werken, darum ist da an unser Statt und für uns ein ander, der es baß kann und uns seinen Sieg gibt und befiehlet, daß wir's annehmen und nicht dran zweifeln sollen, und spricht[14]: Seid getrost, ich hab die Welt uberwunden; und abermal[15]: Ich lebe, und ihr sollet auch leben, und euer Freude soll niemand von euch nehmen.

Der Vater und Gott alles Trostes[16] verleihe Euch durch sein heiliges Wort und Geist einen festen, fröhlichen und dankbaren Glauben, damit Ihr diese und alle Not müget seliglich uberwinden und endlich schmecken und erfahren, daß es die Wahrheit sei, da er selbst spricht: Seid getrost, ich hab die Welt uberwunden. Und befehle hiemit Euer Leib und Seele in seine Barmherzigkeit, Amen. Es bitten für Euch alle Eure Kinder und meine Käthe. Etliche weinen, etliche essen und sagen: Die Großmutter ist sehr krank. Gottes Gnade sei mit uns allen, Amen. Am Sonnabend nach Ascensionis Domini, MDXXXI.

Euer lieber Sohn
Mart. Luther

1 Siehe Brief 35, Anm. 1 in dieser Ausgabe. 2 Ps. 44,23; Röm. 8,36. 3 Jes. 28,16; 1. Petr. 2,6. 4 täuschen. 5 Joh. 16,33. 6 1. Kor. 15,55. 7 1. Kor. 15,57. 8 1. Tim. 2,5. 9 Röm. 3,25; Hebr. 4,16. 10 Röm. 8,34; Hebr. 7,25. 11 1. Tim 4,10; 1. Petr. 2,25. 12 Abendmahl. 13 Phil. 1,6. 14 Joh. 16,33. 15 Joh. 14,19; 16,22. 16 Röm. 15,5.

47 An seine Frau

Torgau[1], *27. Februar 1532*

Meiner herzlieben Hausfrauen, Katharin Lutherin, zu eigen Handen.

Gott zum Gruß in Christo! Mein herzliebe Käthe! Ich hoffe, wo Doktor Brück[2] wird Urlaub kriegen, wie er mich vertröstet, so will ich mit ihm kommen morgen oder übermorgen. Bitte Gott, daß er uns frisch und gesund heimbringe! Ich schlafe überaus wohl, etwa 6 oder 7 Stunden aneinander und darnach zwo oder drei Stunden hinnach. Es ist des Biers Schuld, wie ich achte. Aber nüchtern bin ich, gleichwie zu Wittenberg. Doktor Caspar[3] saget, daß unsers gnädigen Herrn Fuß nicht weiter fresse[4]. Aber solche Marter leide kein Dobitzsch[5] noch Gefangener auf der Leiter im Turm von Hans Stockmeister[6], als Seine Kurfürstlichen Gnaden muß leiden von den Wundärzten. Es ist Seine Fürstlichen Gnaden so gesund am ganzen Leibe als ein Fischlein, aber der Teufel hat ihm in den Fuß gebissen und gestochen. Betet, betet weiter! Ich hoffe, Gott soll uns erhören, wie angefangen ist. Denn Doktor Caspar hält auch dafür, es müsse Gott hier helfen.

Weil Johannes[7] wegzeucht, so will's die Not und Ehre fordern, daß ich ihn lasse ehrlich von mir kommen. Denn Du weißest, daß er treulich und fleißig gedienet hat und wahrlich dem Evangelio nach sich demütig gehalten und alles getan und gelitten. Darum denke Du, wie oftmal wir haben bösen Buben und undankbaren Schülern gegeben, da es alles verloren gewest ist. So greif Dich nun hier an und laß an einem solchen frommen Gesellen auch nicht mangeln, da Du weißest, daß es wohl angeleget und Gott gefällig ist. Ich weiß wohl, daß wenig da ist; aber ich gäbe ihm gerne 10 Gulden, wenn ich sie hätte; aber unter 5 Gulden sollt Du ihm nicht geben, weil er nicht gekleidet ist; was Du drüber kannst geben, das tue, da bitte ich um. Es möchte zwar der gemeine Kaste [8] mir zu Ehren einem solchen meinem Diener wohl etwas schenken, angesehen, daß ich meine Diener muß halten auf meine Kost zu ihrer Kirchen Dienst und Nutz; aber, wie sie wollen. Laß Du ja nicht feilen, weil[9] ein Becher da ist. Denke, wo Du es kriegst. Gott wird wohl anders geben, das weiß ich. Hiemit Gott befohlen, Amen.

Und sagt dem Pfarrherr von Zwickau[10], daß er ja wollt ihm gefallen lassen die Herberg und fürlieb nehmen. Wenn ich komme, will ich erzählen, wie Mühlpfort[11] und ich bei dem Rietesel[12] zu Gaste gewest und Mühlpfort mir viel Weisheit erzeiget[13]. Aber ich war nicht trinkerlich nach solchen Trank. Bußt[14] mir den jungen Hansen von meinenwegen und heißet Hänschen, Lenchen und Muhme Lehnen für den lieben Fürsten und für mich beten. Ich kann in dieser Stadt, wiewohl itzt Jahrmarkt ist, nichts finden zu kaufen für die Kinder. Wo ich nichts brächte Sonderliches, so schaffe mir da etwas Vorrats. Dienstags nach Reminiscere 1532.

D. Martinus Luther

1 Luther war am 19. Februar nach Torgau zum Kurfürsten gereist, um ihn zu trösten. Am 28. oder 29. Februar kehrte er nach Wittenberg zurück. 2 Gregor Brück (1485–1557) war von 1520–1529 Kanzler in Kursachsen, anschließend als Berater tätig. Er nahm auf die Innen- und Außenpolitik der Ernestiner entscheidenden Einfluß. 3 Caspar Lindemann (gest. 1536) war Professor der Medizin und seit 1532 Leibarzt der sächsischen Kurfürsten. 4 Kurfürst Johann Friedrich litt an schwerem Fußbrand. 5 Christoph aus Dobitzsch, ein 1531 hingerichteter Wegelagerer. 6 Allgemeine Bezeichnung für Henker. 7 Johann Rischmann (gest. 1572) wurde 1527 in Wittenberg immatrikuliert und wirkte bis zu seinem Weggang nach Schleswig als Luthers Famulus. 8 die Wittenberger Gemeindekasse. 9 dieweil, solange. 10 Nikolaus Hausmann (1478/79–1538) war Pfarrer in Zwickau gewesen und wegen Differenzen mit dem Zwickauer Rat auf Luthers Einladung hin nach Wittenberg gekommen. Noch 1532 ging er als Hofprediger nach Dessau. An beiden Orten seines Wirkens wurde er zum Wegbereiter der Reformation. Hausmann gehörte zu Luthers engstem Freundeskreis und hatte ihm bereits 1525 geraten, Visitationen durchzuführen und Katechismen zu verfassen. 11 Hermann Mühl-

pfort (gest. 1534) stammte aus Zwickau, wurde 1520 in Wittenberg immatrikuliert und wirkte dann in Zwickau als Bürgermeister. 12 Siehe Brief 44, Anm. 5 in dieser Ausgabe. 13 hat mich zu belehren versucht. 14 Küßt.

48 An Nikolaus von Amsdorf

Wittenberg, 2. November 1532

Gnade und Friede in Christus. Lieber Amsdorf, die Frau Pack ist beunruhigt wegen ihres Gatten Otto Pack[1], weil in Leipzig das Gerücht geht, er sei im Herzogtum des Herrn Georg[2] gesehen worden, und sie fürchtet, er könnte vielleicht gefangen sein. Ich habe die gute Frau getröstet, so gut ich konnte, vermute freilich anderes etc. Darum bat sie mich, Dich zu bitten, daß Du, falls Du ihn etwa in Magedeburg treffen solltest, ihn treulich ermahnst, er möge sich aller Reisen enthalten, vornehmlich im Herzogtum des Herrn Georg: es seien besondere Nachstellungen gegen ihn vorbereitet. Du wirst das um Deiner Liebe willen tun.

Neuigkeiten gibt es keine. Denn was man von den eroberten Schiffen der Türken sagt, wäre schön, wenn es wahr wäre. Ich stecke jetzt ganz in der Übersetzung des Sirach. Ich hoffe, in drei Wochen von dieser Tretmühle befreit zu sein. Meine Käthe ist mit Fieber und Schlaflosigkeit erkrankt, zugleich ihrer Niederkunft nahe[3]. Ich empfehle sie Deinen Gebeten, desgleichen auch mich und alle die Meinen. Unser Christus sei mit Dir, Amen. 2. November 1532.

Martinus Luther

1 Otto von Pack (um 1480–1537) studierte seit 1499 in Leipzig und war von 1519 an Vizekanzler und vertrauter Rat Herzog Georgs von Sachsen. Im Januar 1528 hatte Pack dem Landgraf Philipp von Hessen von einem Bündnis Mitteilung gemacht, das Ferdinand I. mit den mächtigsten Bischöfen des Reiches sowie mit Herzog Georg geschlossen habe, um die lutherische Ketzerei aus der Welt zu schaffen und die protestantischen Fürsten ihrer Länder zu verweisen. Philipp leitete daraufhin militärische Präventivmaßnahmen ein, die aber in sich zusammenbrachen, als sich die Packschen Papiere als Fälschungen erwiesen. Auf Betreiben Herzog Georgs wurde Pack 1536 in den Niederlanden verhaftet und hingerichtet. 2 in Sachsen. 3 Am 28. Janur 1533 wurde Paul Luther geboren.

49 An Johann Riedesel

Wittenberg, 3. Dezember (?) 1532

Dem gestrengen und ehrnfesten Johann Riedesel, Kurfürstlicher zu Sachsen Kämmerer und zum neuen Markt, meinem günstigen und lieben Gevatter.

Gnad und Fried in Christo! Gestrenger, ehrnfester, lieber Herr und Gevatter! Ich hab nähst meiner Schrift, an Euch getan[1], gar nichts von Euren Zustand erfahren, und Ihr seid mir so heimlich[2] worden, daß ich nicht kann erfragen, wie es Euch gehet, und doch gern wissen wollte. Denn ich immer sorge, es werde Euch Junker Niedhard[3] gefährlich sein, wie Euer letzte Schrift anzeugt, und solch Untreu der Welt Euch zu wehe tun mocht, wiewohl ich großer Zuversicht bin, mein gnädigster Herr werde sich gegen Euch gnädiglich halten und nicht tun, was Eure falsche Freunde vielleicht Euch gonnen oder stiften. Christus unser Herr wird bei Euch sein, und weil ihr itzt lernet, was die Welt ist, werdet ihr hinfort desto treuer sein Schuler sein und auch mit viel Christen erfahren, daß besser sei, Christo zu dienen denn der Welt.

Mein Käthe und Euer Pate[4] lassen Euch freundlich grüßen und wünschen Euch alles Gutes. Wir sind alle, gottlob, ziemlich frisch und gesund. Euer Pate will ein tätiger Mann werden; er greift zu und will sein Sinnchen haben. Grußet mir Euer liebe Riebe[5] samt allen den Euern. Hiemit Gott befohlen, Amen. 1532, am Tag des heiligen Lukas.

Euer Gnaden
williger
Doktor Martinus
Luther

1 Luther hatte ihm am 7. September geschrieben. 2 geheimnisvoll. 3 Personifikation von Neid und Haß. 4 Martin Luther d.J. (1531 bis 1565). 5 Siehe Brief 5, Anm. 16 in dieser Ausgabe.

50 An Hans Löser

Wittenberg, 29. Januar 1533

Dem gestrengen, ehrenfesten Hans Lösern, Erbmarschalln zu Sachsen, meinem günstigen Herren und freundlichen lieben Gevatter.

Gnade und Fried in Christo! Gestrenger, ehrenfester, lieber Herr und Gevatter!

Wie ich nächst gebeten, so bitte ich abermals um unsers Herren Christi willen, euer Gestrengen wollen sich demütigen Gott zu Ehren und meinem jungen Sohn[1], den mir diese Nacht Gott bescheret hat von meiner lieben Käthen, förderlich und hülflich erscheinen, damit er aus der alten Art Adams zur Wiedergeburt Christi durch das heilige Sakrament der Taufe komme und ein Glied der heiligen Christenheit werden möchte, ob vielleicht Gott der Herr einen neuen Feind des Papsts oder Türkens an ihm erziehen wollte. Ich wollte ihn gerne um Vesperzeit lassen taufen, auf daß er nicht länger ein Heide bleibe und ich desto sicherer würde. Euer Gestrengen wolle sich unbeschweret hereinfinden und solch Opfer Gott zu Lob helfen vollbringen. Womit ich's wüßte zu verschulden[2], bin ich willig und bereit. Hiemit Gott samt den Eurigen befohlen. Amen. In der Nacht um 1 Uhr mittwochs nach S. Pauli anno 1533.

Euer Gestrengen
willliger Diener
Martinus Luther

1 Paul Luther (1533–1593). 2 vergelten.

51 An seine Frau

Dessau, 29. Juli 1534

Meinem freundlichen, lieben Herrn, Frau Katherin von Bora, Doktorin Lutherin zu Wittenberg.

Gnad und Fried in Christo! Lieber Herr Käthe! Ich weiß Dir nichts zu schreiben, weil Magister Philipps[1] samt den andern selbst heim kommen. Ich muß länger hie bleiben um des frommen Fursten[2] willen. Du magst denken, wie lange ich hie bleiben werde, oder wie Du mich los machest. Ich halt, Magister Franciscus[3] wird mich wieder los machen, wie ich ihn los gemacht habe. Doch nicht so balde[4].

Gestern hatte ich ein bosen Trunk gefasset, da mußt ich singen: Trink ich nicht wohl, das ist mir leid, und tät's so rechte gerne. Und gedacht, wie gut Wein und Bier hab ich daheime, dazu eine schone Frauen oder (sollt ich sagen) Herren. Und Du tätest wohl, daß Du mir heruber schickest den ganzen Keller voll meins Weins und eine Pfloschen Deines Biers, so erst[5] Du kannst, sonst komme ich vor[6] dem neuen Bier nicht wieder. Hiemit Gott befohlen samt unser Jungeren und allem Gesinde, Amen. Mittwochens nach Jacobi 1534.

Dein Liebchen
Mart. Luther D.

1 Melanchthon. 2 Fürst Joachim von Anhalt-Dessau (1516–1561) wurde in diesen Monaten öfter von Luther und anderen in seiner Schwermut getröstet. 3 Franz Burkhard (1503/04–1560) war Professor für Griechisch in Wittenberg und ab 1536 ernestinischer Vizekanzler. Er scheint Luther tatsächlich in Dessau abgelöst zu haben. 4 Luther war spätestens am 6. August wieder in Wittenberg. 5 bald. 6 wegen.

52 An Johann Agricola

Wittenberg, 7. September 1534

Gnade und Friede! Du hast uns einen Gefallen getan, lieber Agricola, daß Du den Brief des Cochläus[1] geschickt hast. Obwohl wir durch den Geist als Richter sehr wohl wissen, daß sie[2], vom Satan besessen, derartiges immer und vielfältig denken und ersinnen, so ist es doch schön, daß es durch ihre eigene Aussage an den Tag kommt. Wir werden den Brief mit Anmerkungen herausgeben, weil er nicht durch Diebstahl herbeikam wie einst der meine zu Herzog Georg, sondern durch den wehenden Wind zu uns getragen wurde[3]. Ich kann fastend nur wenig schreiben.

Grüße alle die Unsern, besonders Deine Elsa mit Kindern, und in meinem und meiner Käthe Namen, die schon das vierte Söhnchen, wie ich glaube, erwartet[4]. 1534, am Tag vor Mariae Geburt.

Dein Martinus Luther

1 Johann Cochläus (Dobeneck) (1479–1552) war seit 1528 Hofkaplan und theologischer Berater Herzog Georgs von Sachsen und setzte sich aktiv gegen Luther ein. Er hatte dem katholischen Pfarrer von Eisleben, Georg Witzel, im August brieflich geraten, seine Ehe zu verheimlichen. 2 Cochläus und Witzel. 3 Eine Legende erzählt, eine Sturmböe habe

den Brief aus Witzels Fenster auf die Straße wehen und dessen Feinden zukommen lassen. Witzel selber äußerte den Verdacht, es sei Agricola gewesen, der den Brief erbeutet und nach Wittenberg weitergeleitet habe. Zumindest letzteres wird durch Luthers Brief an Agricola eindeutig bestätigt. 4 Am 17. Dezember gebar Käthe die Tochter Margarethe.

53 An Fürst Joachim von Anhalt

Wittenberg, 17. Dezember 1534

Dem durchleuchtigen, hochgebornen Fursten und Herrn, Herrn Joachim, Furst zu Anhalt, Grafe zu Askanien und Herrn zu Bernburg, meinem gnädigen Herrn.

Gnad und Friede in Christo! Durchleuchtiger, hochgeborner Furst, gnädiger[1]! Es hat mir der allmächtige Gott von meiner lieben Käthen diese Stunde eine junge Tochter[2] bescheret. Nu ich denn zuvor Euer Fürstlichen Gnaden verheißen, zu bitten um das christlich Amt geistlicher Vaterschaft, demnach bitte ich um Christus willen, Euer Fürstlichen Gnaden wollten der Demut nicht beschweren und dem armen Heiden von seiner sundlichen todlichen Gebürt zur neuen heiligen und seligen Wiedergeburt helfen und geistlicher Vater sein durch das heilige Bad der Taufe.

Und weil es itzt kalt und fur Euer Fürstlichen Gnaden Leib ungeschickt Wetter, will ich Euer Kurfürstlichen[3] eigen Person gern verschonet sehen und Euer Fürstlichen Gnaden heimgeben, ob sie einen an ihre Statt von Dessau oder von hinnen verordne. Magister Philippus[4] und Magister Franciscus[5] ist nicht einheimisch[6].

Was Euer Fürstlichen Gnaden gefället, werden Sie sich wohl wissen zu halten.

Das wird Gott vergelten, und womit ich's wußte untertäniglich zu verdienen, bin ich schuldig und pflichtig. Morgens wollt ich's gern lassen täufen[7]. Christus sei mit Euer Fürstlichen Gnaden seliglich, Amen. Dornstags nach Luciae 1534.

Euer Fürstlichen Gnaden
williger
Martinus Luther D.

1 Luther hat hier wahrscheinlich „Herr" vergessen. 2 Margarethe Luther (1534–1570). 3 Ein offensichtlicher Schreibfehler Luthers.

4 Melanchthon. 5 Franz Burkhard; siehe Brief 51, Anm. 3 in dieser Ausgabe. 6 D. h., sie kommen als Vertreter nicht in Frage. 7 Margarethe wurde am 18. Dezember getauft.

54 An Justus Jonas

Wittenberg, 17. Dezember 1534

Doktor Justus Jonas, seinem Bruder.

Ich beglückwünsche Dich, lieber Jonas, daß Deine Steine endlich abgegangen sind. Mögen sie niemals mehr zurückkehren oder hineinkommen, Amen. Aber auch dies zeige ich Dir an, daß mir heute zur zwölften Stunde durch Gottes Gnade ein drittes Töchterlein[1] geboren wurde. Ich habe Seine Durchlaucht Herrn Joachim von Anhalt zum Paten gebeten[2], weiß aber nicht, ob der Hof ihn uns gestatten wird. Ich wünsche aber sehr, daß Du entweder beim Frühstück oder beim Abendessen dabei bist, wenn Du gesundheitlich kannst. Ich denke, Magister Georg[3] hat Dir meine Beurteilung, die ich dem Philippus[4] übergeben habe, überbracht. Je mehr ich es bedenke, umso mehr entfremdet sich mein Sinn von dieser verzweifelten Eintracht[5], zumal sie selbst untereinander so verschieden sind. Und man schreibt mir, der Herzog von Württemberg[6] sei dem Blaurer[7] zugeneigt. Wenn das wahr ist, was kann man von diesem ganzen Oberdeutschland erhoffen? 17. Dezember 1534.

Dein Martinus Luther

1 Als erste Tochter war am 10. Dezember 1527 Elisabeth geboren, als zweite am 4. Mai 1529 Magdalena. Elisabeth war bereits ein Jahr nach der Geburt verstorben. 2 Siehe den vorhergehenden Brief. 3 Georg Rörer (1492–1557) studierte in Leipzig und Wittenberg und wirkte seit 1525 als Diakon an der Wittenberger Stadtkirche. 1537 stellte ihn Kurfürst Johann Friedrich von dieser Aufgabe frei, um die Herausgabe der Wittenberger Lutherausgabe besorgen zu können. Rörer hat sich später um die Edition von Luthers Schriften sowie die Tradierung seiner Predigten, Vorlesungen und Briefe große Verdienste erworben. 4 Melanchthon. 5 Die Stuttgarter Konkordie vom 3. August 1534, in der die beiden in Württemberg wirkenden Reformatoren Blarer und Schnepf ihre Differenzen in der Abendmahlsfrage zu überwinden suchten. Der Kompromiß war aber nicht mehr als eine notdürftige und vorläufige Suspension des sakramentstheologischen Dissenses zwischen dem eher zwinglisch-bucerisch orientierten Blarer und dem streng lutherisch gesonnenen Schnepf. 6 Ulrich von Württem-

berg (1487–1550) war nach der Ermordung seines Stallmeisters von Hutten (1515) und dem Überfall auf die Reichsstadt Reutlingen (1519) außer Landes geflohen und (wohl vornehmlich aus politischen Gründen) 1523 zum Protestantismus übergetreten. In der Schlacht bei Lauffen (1534) hatte er Württemberg eben zurückgewonnen und war nun an einer raschen Beilegung der innerprotestantischen Differenzen (die er wiederum eher unter politischen denn unter theologischen Gesichtspunkten beurteilt haben dürfte) sehr interessiert. 7 Ambrosius Blarer (Blaurer) (1492–1564) verließ 1522 das Benediktinerkloster Alpirsbach und trat mit Zwingli und Ökolampad in Verbindung. Seit 1525 predigte er in Konstanz evangelisch. Von dort ging er 1528 nach Memmingen, 1531 nach Ulm und Esslingen, um die dortigen Kirchenwesen zu ordnen. Ulrich beauftragte ihn mit der Durchführung der Reformation in Württemberg, die er zentral – nämlich in der Universität Tübingen – anging.

55 An Justus Jonas

Wittenberg, 28. Oktober 1535

Gnade und Friede in Christus! Doktor Christan Beyer[1] ist von den Lebenden geschieden, heute vor acht Tagen. So schreibt Magister Philippus[2]. Die Krankheit war ein Fieber, zu dem von der Reise noch Husten und Zufuhr von Feuchtigkeit aus dem Kopf in die Brust gekommen war. Ich schicke den Brief. Brück[3] ist nicht in Prag, wie Du in dem Brief von Philippus lesen kannst. Von der österreichischen Reise[4] haben wir noch nichts erfahren. Vergangenen Sonntag hat die Pest den Schadewalt[5] geholt, unseren besten Bürger. Dann war wiederum Friede und ist noch jetzt. Auch meine Brust leidet an einer salzigen Flüssigkeit und bisweilen etwas Husten. Viele Studenten kehren zurück[6]. Ich weiß weiter nichts. Ich wundere mich, wo der Bote des Papstes sein oder wohin er gegangen sein mag, von dem ein so großes Schweigen herrscht, wie auch von dem ganzen Konzil[7]. Grüße all Dein Fleisch und bete für uns. Am Tag Simonis und Judae.

Ich spiele mit dem Gedanken, Thesen gegen die Privatmesse aufzustellen, desgleichen über 1. Korinther 13 und einige andere Stellen für das Lehrstück von der Rechtfertigung[8]. Es grüßt Dich mein Herr Käthe, welche fährt, Äcker bestellt, das Vieh weidet und kauft, braut etc. Inmitten dieser Arbeiten hat sie auch begonnen, die Bibel zu lesen, unter dem Versprechen von 50 Gulden, wenn sie vor Ostern fertig sein wird: ist großer Ernst da[9]. Sie kommt bereits an das fünfte Buch Mose. Am Tag Simonis und Judae 1535.

Dein Martinus Luther

1 Christian Beyer (um 1482–1535) hatte seit 1507 in Wittenberg studiert und war mehrfach Bürgermeister und Rat, seit 1528 Kanzler in Kursachsen. 2 Melanchthon. 3 Siehe Brief 47, Anm. 2 in dieser Ausgabe. 4 Der Kurfürst war auf der Reise nach Wien. 5 Bartholomäus Schadewalt war am 24. Oktober gestorben. Luther hatte ihn während seiner Krankheit besucht. 6 Von zuhause oder aus Jena, wohin sie vor der Pest geflohen sind. 7 Vergerio war am 10. Februar nach Deutschland entsandt worden, um König Ferdinand, die Kurfürsten sowie andere bedeutende Fürsten aufzusuchen und sich mit ihnen über Mantua als Ort des Konzils zu verständigen. Den Bemühungen um ein deutsches Nationalkonzil sollte so der Boden entzogen werden. 8 Luther bereitete damals die Disputation „De iustificatione" vom 14. Januar 1536 (WA 39,1; 78–126) und „Contra missam privatam" vom 29. Januar 1536 (WA 39,1; 134–173) vor. Zu 1. Kor. 13 hat sich eine kurze Notiz erhalten (WA 39,1; 76f.). 9 Diese vier Worte schrieb Luther in dem sonst lateinischen Brief auf deutsch.

56 An Kaspar Müller

Wittenberg, 19. Januar 1536

Dem ehrbarn und vorsichtigen Kaspar Müller, zu Mansfeld Kanzler, meinem gunstigen Herrn und lieben Gevattern.

Gnad und Friede! Mein lieber Herr Kanzler und Gevatter! Ich wollt euch wohl viel schreiben Euer Begierd nach; so bin ich auch krank am Husten und Schnupfen; aber die großest Krankheit hebt sich an mit mir, daß mir die Sonne so lange geschienen hat[1], welche Plage Ihr wohl wisset, daß sie gemein ist und fast[17] viel dran sterben. Denn die Leute werden zuletzt blind vor solchem langen Schein; etliche werden grau, schwarz und runzelicht davon. Wer weiß auch, ob vielleicht auch Euer Schenkel auf einen Stein getreten hätte, der, von der Sonnen Glanz erhitzet, Euch solche Wehtagen[2] zugeschickt? Wiewohl es der lieben Sonnen Schuld nicht ist, daß der Kot von ihrem Schein hart und das Wachs weich wird[3]. Die Art reget und eiget[4] sich in einem jeglichen Dinge; wie es geschickt sei, es findet sich zum Letzten alles.

Den Kegel[5] hätt ich wohl gern mügen haben aus allerlei Ursachen zum Kostgänger, aber weil die Borse[6] wiederkommt von Jena[7], so ist der Tisch voll, und kann die alten Kompan[8] nicht also verstoßen; wo aber eine Stätt los wurde, als nach Ostern geschehen mag, will ich meinen Willen Euch gern dartun, wo anders Herr Käthe alsdenn mir gnädig sein wird.

Von der englischen Botschaft (wie sein Ihr Mansfeldischen Herren so nigern[9]!) weiß ich nichts Sonderlichs zu schreiben. Denn die Konigin ist tot[10], so sagt man, das Fräulein, die Tochter[11], sei auch todkrank. Aber die Sache hat sie bei aller Welt verloren, ohne bei uns armen Bettlern, Theologen zu Wittenberg. Die wollten sie gerne bei königlichen Ehren erhalten, wo sie hätt sollen leben. Das ist das Ende und der Beschluß gewesen.

Der Papst hat in dieser Sachen gehandelt als ein Papst, contrarias bullas [gegensätzliche Bullen] gegeben und also gespielet, daß ihm recht geschehen ist, daß er aus England gestoßen ist, etiam non Euangelii causa [freilich nicht wegen des Evangeliums]. Er hat den Konig wohl gewurfelt[12], daß ich des Konigs Person fast entschuldigen muß und doch die Sache nicht billigen kann.

Lieber, fluchet doch auch einmal das Paternoster wider das Papsttum, daß es Sankt Velten kriege! Des Papsts Orator[13] ist hie gewesen, wie Ihr wisset; aber die Antwort, so ihm zu Schmalkalden gegeben[14], kann ich itzt in der Eil nicht schicken. Denn ich mußte husten und kunnte sie fur Husten nicht suchen; und wo der Husten mußte ablassen, wollt ich sie suchen. Doch meine ich, der Husten sollte aufhören, wo Ihr fur mich betet.

Weil Euch die Teilung der Hutten geschehen, so wünsch ich Euch Glück darzu. Aber aus der Maßen böse Hoffnung habe ich; denn meine Theologia sagt mir, daß Menschen Furnehmen und Gottes Segen sind widereinander. Ist es meinem lieben Vaterland bescheret, so sei es meinthalben ungewehret.

Aber daß weder Ihr noch Jakob Luther[15] noch die Kaufleut[16] schreiben, wie es ihnen hierinnen gehet, da sei Ihr fast[17] gute Gesellen, und mit Eurem Schweigen macht Ihr uns armen Kindern (die wir hie sind) Gedanken, daß Ihr und sie allzumal Bettler worden seid. Noch soll uns gleichwohl Gott ernähren, Amen.

Saget meinem Bruder, daß mein Huste und sein Schweigen mir verboten haben zu antworten! Und grüßet mir seine schwarze Henne samt den Kuchlein! Ich muß husten und gen Torgau auf die Fastnacht denken[18]; weiß nicht, was ich daselbst husten soll. Vielleicht werde ich mussen Hans von Jena Gesellschaft leisten[19]. Mein Herr Käthe läßt Euch freundlich grüßen und bitten, ob mich die Sonne zu sehr bescheinen wollt, daß Ihr nicht eher Euch überscheinen lasset denn mich, wo es in Euer Gewalt stehet.

Euer Pate Dominus Ioannes [Herr Johannes[20]] grüßet Euch; will schier (böse nicht) groß werden, daß Gott walte! Hiemit Gott befohlen!

Lasset Euch meine Weise gefallen (wie Ihr sie wisset); denn ich bin doch so gar hart und grob, groß, grau, grün, uberladen, ubermangt, uberfallen mit Sachen, daß ich muß zur Rettung des armen cadaveris [Leichnams] zuweilen solch Lustfreudlein[21] von einem Zaun brechen. Es ist ja auch ein Mensch nicht mehr denn ein Mensch, ohne[22] daß Gott kann aus einem machen, was er will; doch nicht ohn unser Salben. Grüßet mir alle guten Herrn und Freunde! 1536, Mittwochen nach S. Petri Cathedrali.

D. Martinus Luther

1 Das ist natürlich ironisch gemeint und als Klage über den strengen Winter zu verstehen. 2 Unglück, Schmerzen. 3 Diese bei Luther mehrfach vorkommende Sentenz entstammt antiker Bildungstradition (Theodoret). 4 zeiget. 5 Wohl Matthäus Kegel aus Eisleben, der 1536 in Wittenberg immatrikuliert wurde. 6 die Studenten. 7 dorthin sind sie vor der Pest geflohen. 8 Kumpane. 9 neugierig. 10 Katharina von Argonien ist am 7. Januar 1536 gestorben. 11 Maria von Argonien. 12 Er hat mit dem König sein Spiel getrieben. 13 Vergerio; siehe Brief 55, Anm. 7 in dieser Ausgabe. 14 Am 21. Dezember 1535. 15 Jakob Luther (gest. 1570), der jüngere Bruder Martin Luthers, war Ratsherr in Mansfeld. 16 Die Familie von Luthers Neffen Georg Kaufmann. 17 sehr. 18 Luther wird an den 27. Februar denken, an dem er – zwei Tage vor Fastnacht – in Torgau die Stiefschwester des Kurfürsten, Maria, mit Herzog Philipp I. von Pommern trauen sollte. 19 Hans von Jena heißt der Narrenkopf über der Rathausuhr von Jena, der immer wieder nach einer Kugel schnappt. Ihm Gesellschaft zu leisten oder zu dienen bedeutet, etwas zum bloßen Zeitvertreib zu tun. 20 Luthers ältester Sohn Johannes stand im 9. Lebensjahr. 21 nämlich diesen launigen Brief. 22 nur.

57 An Hieronymus Weller

Wittenberg, 5. August 1536

Gnade und Friede! Lieber Herr Doktor, mit Freuden habe ich gehört und gelesen, daß Du endlich Mensch geworden bist und ein Dir verbundenes Fleisch erlangt hast[1]. Denn was ist ein Mann ohne Männin, wie Mose sagt[2], oder eine Männin ohne Mann, besonders wenn Du auf die erste Hochzeit siehst? Denn beide Geschlechter wissen nicht, was sie sind, solange sie allein sind. Diese Art des Lebens ist von Gott geschaffen worden, und er hat sie bis jetzt bewahrt gegen alle Ketzereien und Gedanken des Teufels, ja gegen den Widerwillen, die Klagen und Ungeduld aller Menschen. Christus segne also Dich und Deine Braut, und er gebe Euch immer ein vergnügtes und liebevolles gemeinsames Wohnen, Amen.

Was Deine Hochzeit angeht, so billige ich den Plan noch nicht ganz. Denn Du kennst die Unzulänglichkeit unseres Marktes und aller Dinge, mit denen wir uns noch immer täglich abmühen, so daß weder ich noch meine Käthe Hoffnung schöpfen können, daß wir bei dieser Schwierigkeit der Verhältnisse in der Lage sein werden, eine so große Schar ehrenvoll und wie es sich gehört zu speisen. Und doch möchte ich auf Deine und meine Ehre keinen Makel fallen lassen. Mir schiene es ratsam, wenn Du entweder in Freiberg die Hochzeit feiertest oder, wenn das nicht möglich ist, dort ein prächtiges Abschiedsmahl von etlichen Tischen geben würdest und dann mit wenigen Gefährten hierher kämest, wie es Creutziger[3], Doktor Brück[4] und andere getan haben, um zu einem Frühstück oder Festmahl zwei oder drei Tische bereiten zu lassen. Das gebe ich Dir und Deinen Freunden zu erwägen. Denn soviel an mir ist, Dir zu helfen, Dich zu schmücken und den Deinen zu dienen, das will ich, wie Du weißt, Dir tun. Es ist unser Markt ein Dreck, und wenn der Haufe soll geladen werden, die Universität mit Kind und Kegel, und dazu andere, die man meinethalben nicht wohl kann außen lassen, so bleibet's weder bei neun noch bei zwölf Tischen[5]! Du hast gesehen, wie bei Deiner Promotion[6] die Sache eingeschränkt wurde, daß Frauen und Kinder abwesend und nur Männer geladen waren und es doch eine Menge von sieben oder acht Tischen war. Was wird geschehen, wenn die Frauen, Kinder und

Hausgenossen all dieser Leute auch noch zu ernähren und zu speisen sind? Ich schreibe dies nicht, damit Du meinst, ich würde der Mühe scheuen, sondern damit Du mit Deinen Freunden berätst und bestimmst, was immer Dir getan werden soll. Leb wohl in Christus und grüße in meinem Namen Deine Braut und alle die Deinen. Wittenberg, 5. August 1536.

1 Anfang September 1536 heiratete Weller das Mündel seines Schwagers, Anna von Steigin. Die Feierlichkeiten fanden, dem Vorschlag Luthers entsprechend, in Freiberg und Wittenberg statt. 2 1. Mose 2,23 in Luthers Übersetzung. 3 Caspar Cruciger (1504–1548); siehe Brief 4, Anm. 6 in dieser Ausgabe. Cruciger hatte am 24. April desselben Jahres auf dem Eilenburger Schloß geheiratet. 4 Gregor Brück (1485–1557); siehe Brief 47, Anm. 2 in dieser Ausgabe. Luther dürfte an Brücks zweite Ehe denken, die dieser ein Jahr zuvor in Jena eingegangen war. 5 Diesen einen Satz hat Luther in dem sonst lateinisch abgefaßten Brief in deutscher Sprache geschrieben. 6 Diese hatte in Luthers Haus stattgefunden.

58 An seinen Sohn Johannes

Wittenberg, 27. Januar 1537[1]

Gnade und Friede im Herrn! Bisher haben mir, mein lieber Sohn, Deine Studien und die Briefe an mich gefallen. Wenn Du so fortfährst, machst Du nicht nur mir Freude, Deinem Vater, der Dich liebt, sondern es wird vor allem auch Dir selber nützen, daß es nicht so aussieht, als schlügest Du aus der Art. Darum siehe zu, daß Du, was Du begonnen hast, fleißig fortführst. Denn Gott, der geboten hat, daß die Kinder ihren Eltern gehorchen sollen, hat auch den gehorsamen Kindern Segen verheißen[2]. Bemühe Dich, auf diesen Segen allein Deinen Blick zu richten, und laß Dich nicht durch schlechte Beispiele davon abbringen. Denn derselbe Gott hat auch die ungehorsamen Kinder mit einem Fluch bedroht[3]. Fürchte also Gott, den segnenden wie den fluchenden, der zwar seine Zusagen und Drohungen aufschiebt zum Verderben der Bösen, sie aber gleichwohl schnell genug erfüllt zum Heil der Guten. Fürchte also Gott und höre auf Deine Eltern, die gewiß nur das Beste für Dich wollen, und meide schmähliche und ehrlose Gespräche. Deine Mutter grüßt Dich von Herzen, ebenso Muhme Lehne[4], desgleichen Deine

Schwestern und Brüder, die alle auch einen guten Fortgang und Abschluß Deiner Studien wünschen. Die Mutter trägt Dir Grüße auf für Deinen Lehrer[5] und seine Frau. Wenn sie dann mit Dir während der Fastnacht oder der fröhlichen Tage hier sein wollen, soll es gerne sein, während ich dann nicht da bin. Muhme Lehne bittet sehr darum. Lebe wohl, mein Sohn, und lerne und nimm Dir die Ermahnungen guter Menschen zu Herzen. Der Herr sei mit Dir. Gegeben am Samstag nach Conversio Pauli 1537.

M. Luther,
Dein Vater im Fleisch und im Geist.

1 Die Datierung des Briefes ist umstritten; neben dem angegebenen Jahr wird vor allem 1542 vorgeschlagen. 2 Luther wird v. a. an das 4. Gebot gedacht haben: 2. Mose 2,12 und 5. Mose 5,16; vgl. auch Eph. 6,1; Kol. 3,20. 3 2. Mose 21,15.17; 5. Mose 27,16; Spr. 19,26. 4 Siehe Brief 35, Anm. 14 in dieser Ausgabe. 5 Unbekannt. Wäre der Brief in das Jahr 1542 zu datieren, so könnte damit der Torgauer Schulmeister Marcus Crodel gemeint sein, dem Luther 1542 seinen Sohn Johannes zuschickte (siehe die Briefe 73–75 in dieser Ausgabe).

59 An seine Frau

Tambach, 27. Februar 1537

Gnad und Friede in Christo! Du magst dieweile sondere[1] Pferde mieten zu Deiner Notdurft[2], liebe Käthe, denn mein gnädiger Herr wird Deine Pferde[3] behalten und mit dem Magister Philipp[4] heimschicken. Denn ich selber gestern von Schmalkalden aufgebrochen[5], auf meines gnädigen Herrn eigenen Wagen daher fuhr. Ist die Ursach, ich bin nicht uber drei Tage hie gesund gewest, und ist bis auf diese Nacht vom ersten Sonntag an[6] kein Tröpflin Wasser von mir kommen, hab nie geruhet noch geschlafen, kein Trinken noch Essen behalten mögen. Summa, ich bin tot gewest und hab Dich mit den Kindlein Gott befohlen und meinem gnädigen Herrn, als würde ich Euch in dieser Sterblichkeit nimmermehr sehen; hat mich Euer sehr erbarmet, aber ich hatte mich dem Grabe beschieden. Nu hat man so hart gebeten fur mich zu Gott, daß vieler Leute Tränen vermocht haben, daß mir Gott diese Nacht der Blasen Gang hat geöffnet, und in zwo

Stunden wohl ein Stübigen[7] von mir gangen ist, und mich dünket, ich sei wieder von neuen geboren.

Darum danke Gott und laß die lieben Kindlin mit Muhmen Lehnen dem rechten Vater danken; denn Ihr hättet diesen Vater gewißlich verloren. Der fromme Fürst[8] hat lassen laufen, reiten, holen und mit allem Vermögen sein Höhestes versucht, ob mir möcht geholfen werden; aber es hat nicht wollt sein. Deine Kunst hilft mich auch nicht mit dem Mist[9]. Gott hat Wunder an mir getan diese Nacht und tut's noch durch frommer Leute Furbitt.

Solches schreib ich Dir darum, denn ich halte, daß mein gnädigster Herr habe dem Landvogt[10] befohlen, Dich mir entgegen zu schicken, da ich ja unterwegen stürbe, daß Du zuvor mit mir reden oder mich sehen möchtest; welchs nu nicht not ist, und magst wohl daheim bleiben, weil mir Gott so reichlich geholfen hat, daß ich mich versehe, fröhlich zu Dir zu kommen. Heut liegen[11] wir zu Gotha. Ich habe sonst viermal geschrieben, wundert mich, daß nichts zu Euch kommen ist. Dienstags nach Reminiscere 1537.

Martinus Luther

Dem Boten ist gelohnet, doch tue ihm eine Ehre[12].

1 besondere. 2 für Deinen Bedarf. 3 Käthe hatte, als aus Schmalkalden immer beunruhigendere Nachrichten von Luthers Erkrankung eintrafen, ihre Pferde dorthin geschickt, um Luther heimholen zu lassen. 4 Melanchthon. 5 Am 31. Januar war Luther nach Schmalkalden aufgebrochen und am 7. Februar dort angekommen. Das von Papst Paul III. nach Mantua ausgeschriebene allgemeine Konzil schien eine Vereinigung der gespaltenen Kirche möglich zu machen. Um dafür die Position der im Schmalkaldischen Bund zusammengeschlossenen protestantischen Fürsten zu verdeutlichen, faßte Luther die protestantische Lehre in den „Schmalkaldischen Artikeln" zusammen, die weit stärker als die Augsburger Konfession von 1530 auch die Unterschiede zur katholischen Lehre betonten. In Schmalkalden sollten diese Artikel als Bekenntnis unterzeichnet werden. 6 Seit dem 11. Februar litt Luther an einem heftigen Blasensteinleiden. Am 26. Februar gab der Kurfürst Auftrag, ihn nach Hause zu bringen, damit er nicht in der Fremde stürbe. 7 3–4 Liter. 8 Kurfürst Johann Friedrich. 9 Ein Getränk aus Pferdeäpfeln und Knoblauch, das die Ärzte in Schmalkalden dem Kranken einflößten und das Käthe möglicherweise dem Fuhrmann mitgegeben hatte. 10 Hans von Metzsch (um 1490–1549) war kursächsischer Rat, seit 1529 Hauptmann zu Wittenberg und wurde 1539 nach Colditz versetzt. 11 übernachten. 12 gib ihm ein Trinkgeld.

60 An Wolfgang Capito

Wittenberg, 9. Juli 1537

Dem hochberühmten Mann, Herrn Wolfgang Capito, Doktor der Theologie, dem treuen Diener der Kirche zu Straßburg, seinem geliebten Bruder in Christus.

Gnade und Friede in Christus! Den Franzosen, die mir von Dir, lieber Capito, empfohlen worden waren, wollte ich einen Brief an Dich mitgeben; vielleicht werden sie selbst erzählen, was sie gesehen und gehört haben. Was die Verteilung meiner Schriften auf die einzelnen Bände angeht[1], so bin ich um so unentschlossener und langsamer, als ich, durch einen saturnalischen Hunger[2] gereizt, immer mehr wünsche, daß sie alle verschlungen wären. Denn ich halte keines der Bücher für mir angemessen, außer vielleicht „Über den unfreien Willen"[3] und den Katechismus[4]. Dennoch habe ich die Ausgabe Doktor Caspar Cruciger[5] übertragen, wenn doch etwas getan werden muß.

Ich ahnte bald, daß Euch diese Sache viel Mühe bereiten würde; aber ich betete zugleich, unser Christus möge nicht zulassen, daß Ihr Euch vergeblich abmüht. Den Augsburgischen Teufel[6] haben mir nämlich auch andere hinreichend ausgemalt, aber wir wollen den erwarten, der sein Werk begonnen hat[7]: der wird kommen, wenn seine Zeit gekommen ist, und nicht ausbleiben[8]. Laßt uns darum nicht verzweifeln. Denn von Dir und Bucer[9] bin ich überzeugt, daß ihr redlich und aufrichtig handelt; und nicht nur das, sondern ich freue mich auch, daß alle, die sich an Euch erinnern, dasselbe von Euch denken, ob sie es mir nun schreiben oder persönlich sagen.

Meine Katharina dankt Dir für den goldenen Ring. Ich habe sie kaum einmal verdrießlicher gesehen als in dem Moment, da sie merkte, daß er entweder gestohlen oder durch ihre eigene Nachlässigkeit (was ich für unwahrscheinlich halte, obwohl ich es in einem fort ihr vorhalte) verloren sei, weil ich ihr doch bedeutet hatte, daß dieses Geschenk ihr als ein glückliches Vorzeichen geschickt worden sei und jetzt gewissermaßen versichert hätte, daß Eure Kirche mit der unseren in rechter Eintracht lebe: Daher schmerzt es die Frau besonders. Ich schreibe dies, damit Du weißt, daß unser Herz in der Hoffnung auf Eintracht ganz aufrichtig ist. Die Sache selbst möge Christus vollenden,

Amen. Aber das füge ich hinzu: Schicke meiner Frau nichts mehr, damit Du die Trübsal nicht verdoppelst, denn Christus ist genug für uns beide.

Grüße fleißig alle die Euren und Unseren und lasse sie das Beste von uns denken, so wie auch wir von Euch. Der Herr Jesus sei das Siegel dieses Wunsches; ihm sei Ehre mit dem Vater und dem Heiligen Geist in Ewigkeit, Amen. 9. Juli 1537.

Dein Martinus Luther

1 Capito hatte Luther schon länger zu einer Gesamtausgabe seiner Schriften zu bewegen versucht. Die Ausgabe kam dann bei dem Straßburger Drucker Wendelin Rihel zustande. Der erste Band der deutschen Schriften erschien 1539, der erste der lateinischen 1545. 2 Der römische Gott Saturn hatte alle seine Kinder, bis auf Zeus, gleich nach der Geburt verschlungen. 3 „De servo arbitrio", 1526 (WA 18,551–787), Luthers Antwort auf Erasmus' Schrift „De libero arbitrio Diatribe" von 1524. 4 Der Kleine Katechismus, 1529 (WA 30,1; 239–425), der Große („Deudsch") Katechismus, 1529 (WA 30,1; 123–238). Luther hat seine Bedenken gegen eine Edition seiner Schriften im ersten Band der deutschen wie der lateinischen Abteilung wiederholt. Diese lesenswerten Einführungen in sein Denken sind leicht zugänglich im Insel-Luther: Martin Luther, Ausgewählte Schriften, hg. v. K. Bornkamm und G. Ebeling, 1982, Bd. 1, S. 5–25 (bearbeitet bzw. übersetzt von G. Ebeling). 5 Siehe Brief 4, Anm. 6 in dieser Ausgabe. 6 Michael Keller (gest. 1548), seit 1524 Prediger in Leipzig, war ein Anhänger Zwinglis. 7 Vgl. Phil. 1,6. 8 Hab. 2,3. 9 Martin Bucer (1491–1551), Dominikaner, war seit der Heidelberger Disputation (1518) ein Anhänger Luthers und wurde 1523/24 zum Reformator von Straßburg. In der Wittenberger Konkordie (1536) war es ihm gelungen, einen Ausgleich zwischen den Wittenberger und den oberdeutschen Theologen herbeizuführen. 1548 mußte er infolge des Augsburger Interims nach England emigrieren.

61 An Herzog Albrecht von Preußen

Wittenberg, 6. Mai 1538

Dem durchleuchtigen, hochgebornen Fursten und Herrn, Herrn Albrecht, Markgrafen zu Brandenburg, in Preußen, Stettin, Pommern etc. Herzogen, Burggrafen zu Nürnberg etc., meinem gnädigen Herrn.

Gnad und Fried in Christo und mein arm Vaterunser! Durchleuchtiger, hochgeborner Furst, gnädiger Herr! Es hat mich vermocht, an Euer Fürstlichen Gnaden zu schreiben Hans von

Bora[1], mein Schwager, so zuvor Euer Fürstlichen Gnaden auf der Memel Diener gewest, nachdem er sich heraußen lange hat lassen aufhalten seins Gutlins[2] halben, daß er's auch hat mussen selbst beziehen und sich verehelichen[3], bis er's zu sich bracht, dennoch indes noch nie sich begeben Euer Fürstlichen Gnaden Dienst, sondern allzeit Euer Fürstlichen Gnaden mit hohem Lob gedacht und gewunscht, derselben immer willig und gern zu dienen.

Bittet derhalben, Euer Fürstlichen Gnaden wollten solchen Verzug, den er hat aus Not, sein und seiner Bruder Gütlin zu bekräftigen[4], müssen tun, in keinem ungnädigem Willen zu verstehen noch als einen Undankbarn oder Unwilligen, Euer Fürstlichen Gnaden zu dienen, erkennen. Denn das kann ich mit Wahrheit zeugen, daß er allezeit Euer Fürstlichen Gnaden sehr und hoch geruhmet und fur einen lieben Herrn gehalten fur andern allen.

Wo nu Euer Fürstlichen Gnaden (nachdem er fur sein Kindlin das Gutlin und armes Erbdächlin oder Häuslin beschickt[5], auch wohl bestellen kann) seines Diensts wollten weiter gebrauchen, erbeut er sich, Euer Fürstlichen Gnaden mit allen Treuen und Fleiß zu dienen und begehrt, Euer Fürstlichen Gnaden wollten sein gnädiger Furst und Herre sein. Darauf ist auch mein demutige Bitte, Euer Furstlichen Gnaden wollten ihn gnädiglich befohlen haben und ihm forderlich erscheinen. Das ist Gott als ein gut Werk gefällig. So will ich, soviel ich armer Christ vermag, gegen Gott mit meinem armen Gebet Euer Fürstlichen Gnaden (wie ich ohn das tu und zu tun schuldig bin) gern helfen andern Christen befehlen[6].

Neue Zeitung[7] vom Türken, acht ich, Euer Fürstlichen Gnaden sollen mehr wissen denn wir. Der König hat kein Glück. Der Kaiser ist zurück in Hispanien. Etliche meinen, er sei zornig, daß der Papst das Concilium so schändlich aufzeucht, verzeucht[8], scheucht und fleucht[9]. Es sind doch ja nichts denn romische Schelke und Buben. Aber Gott hat angefangen, sie heimzusuchen, der will und wird nicht nachlassen, sondern druckt fort und macht sie je länger je mehr zu Narren in ihrer Klugheit.

Mit den Schweizern, so bisher mit uns des Sakraments halben uneins gewest, ist's auf guter Bahn, Gott helfe forder[10]. Denn Basel, Straßburg, Augsburg und Bern samt andern mehr sich sehr fein zu uns stellen. So nehmen wir's auch freundlich an, daß ich hoffe, Gott wolle des Ärgernis ein Ende machen, nicht um unserwillen, die wir's nicht verdienen, sondern um seines Namens willen und dem Greuel zu Rom zu Verdrieß. Denn dieselben sind solcher neuen Zeitung hart erschrocken und furchten sich, darum sie auch das Concilium so jämmerlich scheuen.

Hiemit dem lieben Gott befohlen, Amen. Montags nach Philippi und Jacobi 1538.

Euer Fürstlichen Gnaden
williger
Martinus Luther

1 Hans von Bora (gest. vor 1573), Käthes Bruder, war 1525 auf Luthers Empfehlung in den Dienst Herzog Albrechts von Preußen getreten, arbeitete bis 1534 als Amtmann in Memel und wurde 1539 Klosterverwalter in Leipzig, 1543 in Kronschwitz. 2 Zülsdorf. 3 mit Apollonia verw. von Seydewitz aus Schmorkau. 4 sichern. 5 besorgt, gesichert hat. 6 Am 24. Mai antwortete der Kurfürst, Luthers Entschuldigung seines Schwagers sei nicht notwendig gewesen, nur habe er dessen Amt im Memel inzwischen wieder besetzen müssen und habe derzeit auch sonst keine vakante Stelle für ihn. Aber er wolle Hans von Bora gern beraten und ihm helfen, und wenn er mit den Seinen nach Preußen komme, so werde er bei einer Vakanz an ihn denken (vgl. WAB 8,229–231). 7 Nachricht. 8 aufschiebt, verschiebt. 9 Das von Papst Paul III. nach Mantua ausgeschriebene Konzil, das die kirchliche Spaltung überwinden helfen sollte, kam nie zustande. Das Konzil zu Trient (1545–63) stand dann bereits ganz im Zeichen der Gegenreformation. 10 förderhin.

62 An Herzogin Elisabeth von Braunschweig-Lüneburg

Wittenberg, 4. September 1538

Der durchleuchtigen, hochgebornen Furstin und Frauen, Frauen Elisabeth geborne Markgräfin zu Brandenburg etc., Herzogin zu Braunschweig und Lüneburg, meiner gnädigen Frauen.

Gnad und Friede in Christo! Durchleuchtige, hochgeborne Furstin, gnädige Frau. Ich und mein liebe Käthe danken Euer Fürstlichen Gnaden fur die Käse. Und ist uns das Geschenke derhalben sehr lieb, wenn's auch viel geringer wäre, daß Euer Fürstlichen Gnaden von Gottes Gnaden[1] so ernstlich erzeigen geneigt zu seinem heiligen Wort. Und bitten, daß der Vater aller

Barmherzigkeit durch seinen lieben Sohn, unsern Herrn, Euer Fürstlichen Gnaden mit seinem heiligen Geist reichlich begabe und erhalte bis auf jenen Tag unser endlichen Erlosung. Befehlen uns hiemit Euer Fürstlichen Gnaden als willige Diener, Amen. Ich schicke hiemit Euer Fürstlichen Gnaden Pflanzen von Maulbeerbäumen und Feigenbäumen, so viel ich der itzt gehabt. Sonst hab ich nichts seltsams. Mittewochen nach Egidii 1538.

Euer Fürstlichen Gnaden
williger
Martinus Luther

1 hier wäre „sich" zu ergänzen.

63 An Fürst Johann von Anhalt

Wittenberg, 22. November 1538

Dem durchleuchtigen, hochgebornen Fursten und Herrn, Herrn Johanns, Fursten zu Anhalt, Grafen zu Askanien und Herrn zu Bernburg, meinem gnädigen Herrn.

Gnad und Friede in Christo! Durchleuchtiger, hochgeborner Furst, gnädiger Herr! Ich hab meinem nähisten Schreiben nach mich umgetan nach einem Prediger. Als ist hie keiner ohne Weib. Aber doch heißt einer Magister Wendel[1], der kann sein Weib wohl so lange, als er Euer Fürstlichen Gnaden zu dieses Sterbens Zeit dienen wurde, allhie zu Wittenberg lassen. Er ist fromm, gelehrt und sittig. Wo das nu Euer Fürstlichen Gnaden also gefiele, wollt ich sehen, daß er Euer Fürstlichen Gnaden hierin dienet. Hiemit Gott befohlen, Amen.

Ich bitte auch ganz demütig, wo Euer Fürstlichen Gnaden so viel ubrigs hätten, wollten mir ein Frischling oder Schweinskopf schenken. Denn ich soll bis Mittewochen[2] mein Waislin, meiner Schwester Tochter, beilegen[3]. Doch daß Euer Kurfürstlichen Gnaden ja kein besondere Muhe daruber habe. Euer Fürstlichen Gnaden zu dienen bin ich schuldig. Freitags nach S. Elisabeth 1538.

Euer Fürstlichen Gnaden
williger
Martinus Luther

1 Wendelin Gürrich (gest. 1556) hatte in Wittenberg studiert und ging im Juli 1539 als Domprediger nach Freiberg. 2 27. November. 3 Lene Kaufmann wurde die dritte Frau des Ambrosius Berndt (gest. 1541), der in Wittenberg zunächst studiert hatte und dann als Mitglied der Theologischen Fakultät geblieben war.

64 An seine Frau

Weimar, 2. Juli 1540

Meiner herzlieben Käthe, Doktorin Lutherin etc., Frauen auf den neuen Saumarkt[1] zu Handen.

Gnad und Friede! Liebe Jungfrau Käthe, gnädige Fraue von Zülsdorf[2] (und wie Euer Gnaden mehr heißt)! Ich fuge Euch und Eur Gnaden untertäniglich zu wissen, daß mir's hie wohl gehet. Ich fresse wie ein Böhme und saufe wie ein Deutscher, das sei Gott gedankt, Amen. Das kommt daher, Magister Philipps ist wahrlich tot gewest und recht wie Lazarus vom Tod auferstanden[3]. Gott, der liebe Vater, horet unser Gebet, das sehen und greifen wir, ohn daß wir's dennoch nicht gläuben, da sage niemand Amen zu unserm schändlichen Unglauben.

Ich hab dem Doktor Pommer[4], Pfarrherr, geschrieben, wie der Grafe zu Schwarzburg[5] einen Pfarrherr gen Greußen bittet. Da magst Du auch als eine kluge Fraue und Doktorin mit Magister Georg Major[6] und Magister Ambrosio[7] helfen zu raten, welcher unter den dreien sich wolle bereden lassen, die ich dem Pommer angezeigt. Es ist nicht ein schlechte Pfarr. Doch seid ihr klug und macht's besser.

Hie zu Arnstadt hat der Pfarrer von einem Maidlin einen Teuflen recht christlicher Weise ausgetrieben, davon wir sagen wollen, will's Gott, der noch lebt, und sollt's dem Teufel leid sein.

Ich hab der Kinder Briefe, auch des Baccalarien[8] (der kein Kind ist) (Mariische[9] auch nicht) kriegt, aber von Euer Gnade hab ich nichts kriegt. Werdet itzt auf die vierte Schrift, ob Gott will, einmal auch antworten mit Eur gnädigen Hand.

Ich schicke hie mit Magister Paul[10] den silbern Apfel, den mir mein gnädiger Herr geschenkt hat, den magst Du, wie ich zuvor geredet habe, unter die Kinder teilen und fragen, wie viel sie

Kirschen und Äpfel dafur nehmen wollen, die bezahle in bar über und behalt Du denn den Stiel davon etc.

Sage unsern lieben Kostgängern, sonderlich Doktor Severo oder Schiefer[11] mein freundlich Herz und guten Willen, und daß sie helfen zusehen in allen Sachen der Kirchen, Schulen, Haus und wo es not sein will, auch Magister Georg Major und Magister Ambrosio, daß sie Dir zu Hause trostlich seien. Will's Gott, so wollen wir bis Sonntag[12] auf sein, von Weimar gen Eisenach zu ziehen und Philipps mit. Hiemit Gott befohlen. Sage Lycaoni nostro[13] [unserm Lykaon], daß er die Maulbeer nicht versäume, er verschlafe sie denn. Das wird er nicht tun, er versehe es denn. Und den Wein soll er auch zur Zeit abziehen. Seid frohlich alle und betet, Amen. Weimar, am Tag der Heimsuchung Mariae 1540.

Martinus Luther.
Dein Herzliebchen

1 Am 19. April 1532 hatte Luther vor der Stadt einen Garten mit Fischweiher und Obstbäumen gekauft, der als Saumarkt bezeichnet wurde. 2 Das kleine Gut Zölsdorf oder Zulsdorf bei Neukieritzsch hatte er vor wenigen Wochen von seinem Schwager Hans von Bora gekauft, als dieser gerade in Wittenberg war. 3 Vgl. Joh. 11,1–45. Melanchthon war auf seiner Reise nach Hagenau auf den Tod erkrankt. Der Kurfürst hatte daraufhin Luther nach Weimar kommen lassen. 4 Bugenhagen. 5 Graf Günther XL. von Schwarzburg-Sondershausen-Frankenhausen (gest. 1552) führte 1541 die Reformation ein. 6 Georg Major (Maier) (1502–1574) hatte in Wittenburg studiert und war seit 1537 Schloßprediger in Wittenberg, von 1544 an Professor der Theologie. 7 Ambrosius Berndt (gest. 1541) hatte ebenfalls in Wittenberg studiert und blieb dann als Dozent an der dortigen Theologischen Fakultät. 8 Luthers ältester Sohn Johannes war am 15. Oktober 1539 zum Baccalaureus promoviert worden und zum Zeitpunkt dieses Briefes gerade 14 Jahre alt. 9 Unklar. Es könnte Luthers Tochter Margarethe (geb. 1534) gemeint sein. 10 Paul Eber (1511–1569) war Schüler von Luther und Melanchthon und bekam 1541 in Wittenberg eine Professur. 11 Wolfgang Schiefer (Severus) studierte 1539/40 in Wittenberg und kam als Kostgänger in Luthers Haus. Noch 1540 kehrte er nach Österreich zurück. 12 4. Juli. 13 König Lycaon wurde von Zeus in einen Wolf verwandelt. Luther spielt damit auf seinen alten Diener Wolf Seberger an (gest. 1547), der in Wittenberg studiert hatte und nach 1525 dann als Diener in Luthers Haushalt geblieben war.

65 An seine Frau

Eisenach, 10. Juli 1540

Frauen Katherin Lutherin zu Wittenberg etc., meiner lieben Hausfrauen etc.

Gnad und Friede! Liebe Jungfer Käthe! Ich schicke Dir hie mit dem Fuhrmann Doktor Bleikards[1] etc. A 42 Taler[2], den Sold, auf Michaelis künftig verfallen[3], dazu die 40 Gulden Georgen Schnellen[4] auf Rechnung, der magst Du brauchen, bis wir kommen. Wir haben zu Hofe nicht einen Pfennig klein Münze mugen haben, so wenig als ihr zu Wittenberg habt. Dem Georgen Schnellen aus Herzog Georgen Land[5] von Weißensee ist das kleine Geld kommen[6]. Ich halt aber, es seien nu kommen oder werden bald kommen 1000 Gulden an Groschlin von meinem gnädigsten Herrn zur Wechsel etc. Denn es ist ja so befohlen. Es wäre aber gut, daß die Leute anfingen, selbst die Märker[7] zu meiden, wie die Schotten Pfennige[8], denn sie tun ja zu großen Schaden diesem Furstentum, weil einer nicht 5 Pfennig wert ist, und mugen die Länge nicht gelitten werden, ohn Verderben meines gnädigsten Herrn, auch seiner Lande und Leute, wie wir sehen werden, will's Gott. Du magst versuchen bei Hans von Taubenheim[9] zu Torgau, ob er Dir fur die Taler kleine Munze konnte und wollt wechseln. Nichts Neues, denn daß auch hie in diesen Landen der Teufel auch tobet mit schrecklichen Exempeln seiner Bosheit und die Leute treibet, Mordbrand, Eigenmord[10] etc., werden auch flugs darüber gefangen und gerichtet. Damit uns Gott vermahnet zu gläuben, zu fürchten und zu beten, denn es ist Gottes Strafe uber die Undankbarkeit und Verachtung seines lieben Worts. Magister Philipps kommt wieder zum Leben aus dem Grabe, siehet noch kränklich, aber doch leberlich[11], scherzt und lacht wieder mit uns und isset und trinkt wie zuvor mit uber Tische. Gott sei Lob! Und danket Ihr auch mit uns dem lieben Vater im Himmel, der die Toten auferweckt und allein alle Gnade und Guts gibt, gebenedeiet in Ewigkeit, Amen. Betet aber mit Fleiß, wie Ihr schuldig seid, fur unsern Herrn Christum, das ist fur uns alle, die an ihn gläuben, wider den Schwarm der Teufel, so itzt zu Hagenau[12] toben und sich auflehnen wider den Herrn und seinen Gesalbeten, und wollen ihre Bande zureißen[13], wie der ander Psalm spricht: Auf daß sie

Gott im Himmel spotte[14], auch zuletzt zuschmettere wie eins Topfers Gefäße[15], Amen. Was aber daselbst geschicht, wissen wir noch nicht, ohn daß man achtet, sie werden uns heißen: „Tu das und das etc., oder wir wollen euch fressen". Denn sie haben's bose im Sinn. Sage auch Doktor Schiefer[16], daß ich nichts mehr von Ferdinando[17] halte, er gehet dahin zugrunde. Doch hab ich Sorge, wie ich oft geweissagt, der Papst mocht den Türken uber uns fuhren, da Ferdinandus nicht fast[18] wehren wurde, wie er etwa auch seltsam Wort gesagt soll haben und die Werk ebenteurlich sehen[19]. Denn der Papst singet schon bereit: Flectere si nequeo superos, acheronta movebo[20] [kann ich den Himmel nicht lenken, so werd' ich die Hölle bewegen]; kann er den Kaiser nicht uber uns treiben, so wird er's mit dem Turken versuchen. Er will Christo nicht weichen, so schlage auch Christus drein, beide: in Turken, Papst und Teufel, und beweise, daß er der rechte einige Herr sei, vom Vater zur Rechten gesetzt[21], Amen. Amsdorf[22] ist auch noch hie bei uns. Hiemit Gott befohlen, Amen. Sonnabends nach Kiliani 1540.

Mart. Luther

Das Lohn- und Trankgeld wirst Du dem Fuhrmann Wolfen[23] wohl wissen zu geben. Ich denke, wie Du die Fenster im neuen Dache machen lassest, denn ich hab's vergessen, da ich weg zoch, es sollten nur zwei gegen dem Collegio[24] sein, zwischen beiden Feurmäuern, und oben im First keines gegen dem Collegio und drei kleine, mit aufgerichten Ziegelstein, gegen der Kuchen. Auf dem Gange in die finster Kammer sollten durch die zwei gestickten[25] Felder die Hälfte hoch gekleibet[25] (daß man unter hin gehen konnte) und das Licht zum Dach hereinfallen. Aber ich hoffe[26], es sei versäumet.

1 Bleikard Sindringer (um 1505–1551) war Jurist und kursächsischer Rat. 2 Mit A war der Beutel mit den 42 Talern bezeichnet. 3 fällig. 4 Georg Schnell wurde 1531 in Wittenberg immatrikuliert und wirkte dort auch als Luthers Famulus. Seit 1537 war er Pfarrer in Herzberg. 5 aus Sachsen. 6 Es handelt sich um das Schnell verliehene Wartburglehen, das der Rat von Weißensee zu bezahlen hatte. 7 die märkischen Groschen; sie waren in Kursachsen verboten. 8 polnische Pfennige. 9 Hans von Taubenheim (gest. 1541/42) war kursächsischer Rat und Landrentmeister und ist schon früh für Luther eingetreten. 10 Selbstmord? Das würde aber zu dem „flugs darüber gefangen" nicht recht passen. 11 Kann leberfarben, bleich und auch lebenskräftig bedeuten. 12 Im

Juni 1540 war man in Hagenau zu Gesprächen über einen Religionsausgleich zusammengetroffen. Karl V. hatte dazu aufgerufen, weil ihn die Bedrohung durch die Türken erneut zu einer kompromißbereiten Haltung gegenüber den protestantischen Ständen nötigte. 13 Ps. 2,2f. 14 Ps. 2,4. 15 Ps. 2,9; Off. 2,27. 16 Siehe Brief 64, Anm. 11 in dieser Ausgabe. Schiefer war Erzieher am Hof Ferdinand I. gewesen. 17 Ferdinands I. von Österreich. 18 sehr. 19 merkwürdig aussehen. 20 Vergil, Aeneis 7,312. 21 Ps. 110,1. 22 Nikolaus von Amsdorf (1483 bis 1565), einer der engsten Mitarbeiter Luthers, war seit 1511 Professor in Wittenberg, ging 1524 als Superintendent nach Magdeburg und wurde 1541 erster evangelischer Bischof von Naumburg-Zeitz. 1547 trat er in Eisenach das Amt des Superintendenten an. 23 Der Fuhrmann Sindringers; siehe Anm. 1 zu diesem Brief. 24 Universitätsgebäude. 25 Fachausdrücke des Fachwerkbaus. 26 ahne, fürchte.

66 An seine Frau

Eisenach, 16. Juli 1540

Meiner gnädigen Jungfer Katherin Lutherin von Bora und Zülsdorf zu Wittenberg, meinem Liebchen.

Gnad und Friede! Mein liebe Jungfer und Frau Käthe! Eur Gnaden sollen wissen, daß wir hie (Gott Lob) frisch und gesund sind, fressen wie die Böhmen (doch nicht sehr), saufen wie die Deutschen (doch nicht viel), sind aber frohlich, denn unser gnädiger Herr von Magdeburg, Bischof Amsdorf[1], ist unser Tischgenosse.

Mehr neue Zeitung[2] wissen wir nicht, denn daß Doktor Caspar[3], Mecum[4] und Menius[5] haben sich unterwegen lassen wohl pflegen und sind von Hagenau gen Straßburg spaziern gezogen[6], Hans von Jena zu Dienst und Ehren[7]. Magister Philipps[8] ist wiederum fein worden. Gott Lob. Sage meinem lieben Doktor Schiefer[9], daß sein Konig Ferdinand ein Geschrei will kriegen, als welle er den Türken zu Gevatter bitten uber die evangelischen Fursten, hoffe nicht, daß wahr sei. Sonst wäre es zu grob.

Schreibe mir auch einmal, ob Du alles krieget hast, das ich Dir gesandt, als neulich 90 Gulden bei Wolf Fuhrmann etc.[10] Hiemit Gott befohlen, Amen. Und laß die Kinder beten. Es ist allhie solche Hitze und Durre, daß unsäglich und unträglich ist Tag und Nacht. Komm, lieber jungster Tag, Amen. Freitags nach

Margarethen 1540. Der Bischof von Magdeburg[11] läßt Dich freundlich grüßen.

Dein Liebchen
Martin Luther

1 Siehe Brief 65, Anm. 22 in dieser Ausgabe. 2 Nachrichten. 3 Caspar Cruciger; siehe Brief 4, Anm. 6 in dieser Ausgabe. 4 Friedrich Mecum (Myconius) (1490–1546) floh 1524 aus dem Franziskanerkloster Annaberg und wurde noch im selben Jahr Prediger, 1529 Superintendent in Gotha. Er war an den Visitationen und Religionsverhandlungen im Reich beteiligt. 5 Justus Menius (1499–1558) wurde nach Studien in Erfurt und Wittenberg Pfarrer in Erfurt und 1529 Superintendent in Eisenach, 1547 in Gotha. 1557 ging er als Pfarrer an die Thomaskirche nach Leipzig. Menius trat auch als Übersetzer von Schriften Luthers hervor. 6 Cruciger, Mecum und Menius waren die drei kursächsischen Delegierten für den Konvent in Hagenau. 7 zum bloßen Zeitvertreib; siehe Brief 56, Anm. 19 in dieser Ausgabe. 8 Melanchthon. 9 Siehe Brief 65, Anm. 16 in dieser Ausgabe. 10 Siehe Brief 65, Anm. 1 in dieser Ausgabe. 11 Amsdorf.

67 An seine Frau

Eisenach, 26. Juli 1540

Der reichen Frauen zu Zülsdorf[1], Frauen Doktor Katherin Lutherin, zu Wittenberg leiblich wohnhaftig und zu Zülsdorf geistlich wandelnd, meinem Liebchen, zu Handen.

Abwesend[2] dem Doktor Pomeran[3], Pfarrherr, zu brechen und zu lesen.

...[4] wollten schaffen, daß wir einen guten Trunk Biers bei Euch finden. Denn, ob Gott will, morgen, Dienstags, wollen wir auf sein, gegen Wittenberg zu.

Es ist mit dem Reichstage zu Hagenau[5] ein Dreck, ist Muhe und Erbeit verloren und Unkost vergeblich. Doch wo wir nichts mehr ausgericht, so haben wir doch Magister Philipps[6] wieder aus der Hellen geholet und wieder aus dem Grabe frohlich heimbringen wollen, ob Gott will, und mit seiner Gnaden, Amen.

Es ist der Teufel heraußen selber mit neuen bosen Teufeln besessen[7], brennet und tut Schaden, daß schrecklich ist.

Meinem gnädigsten Herrn ist im Thüringer Wald mehr denn tausend Acker Holz abgebrannt und brennet noch, dazu sind heute Zeitung, daß der Wald bei Werdau auch angegangen sei. Und an viel Orten mehr, hilft kein Löschen. Das will teur Holz machen.

Betet und lasset beten wider den leidigen Satan, der uns sucht nicht allein an Seele und Leib, sondern auch an Gut und Ehre aufs Allerheftigst. Christus unser Herr welle vom Himmel kommen und auch ein Feurlin den Teufel und seinen Gesellen aufblasen, das er nicht löschen kunnte[8], Amen.

Ich bin nicht gewiß gewest, ob Dich diese Briefe zu Wittenberg oder zu Zülsdorf würden finden. Sonst wollt ich geschrieben haben von mehr Dingen. Hiemit Gott befohlen, Amen. Grüße unser Kinder, Kostgänger und alle. Montags nach Jacobi 1540.

Dein Liebchen
M. Luther D.

1 Siehe Brief 64, Anm. 2 in dieser Ausgabe. 2 Für den Fall, daß sie in Zülsdorf wäre. 3 Bugenhagen. 4 Der Anfang des Briefes fehlt. 5 Siehe Brief 65, Anm. 12 in dieser Ausgabe. In Hagenau war es zu keinem Religionsgespräch gekommen. Am 28. Juli setzte Ferdinand I. dann einen neuen Konvent auf den 28. Oktober nach Worms an. 6 Melanchthon. 7 Vgl. Matth. 12,45. 8 Vgl. Hes. 21,36f.

68 An Ehrenfried vom Ende zu Wolkenburg

Wittenberg, 20. Mai 1541

An den gestrengen und ehrenfesten Ehrenfried vom Ende zu Wolkenburg.

Gnad und Fried! Gestrenger, ehrnfester, lieber Herr und Freund! Meine liebe Käthe läßt Euch bitten und ich bitte fur sie, weil sie eine neue Haushalterin worden zu Zülsdorf[1] und von hinnen fern gelegen, Ihr wolltet ihr diese nachbarliche Freundschaft tun und 12 Scheffel Korn und 24 Hafern leihen. Das will sie Euch redlich wiedergeben nach der Dresche, so nächstkunftig. Solche Bitte wollte ich nicht tun noch Euch damit beschweren, wo ich mich nicht vorsehe, daß es Euch wohl zu tun, darzu auch williglich tut, weil Ihr zuvor auch selbst ungebeten so freundlich gegen mir erzeiget.

Unser lieber Herr Jesus Christus stärke und tröste Euch in all Euer Anfechtung, wie er verheißen hat. Es heißt, wie Christus spricht[2]: „Wärn wir von der Welt", das ist von dem Teufel, „so hätte uns die Welt", das ist der Teufel, „lieb. Aber weil wir nicht von der Welt sind, so ist uns die Welt feind", so ist unser Fleisch schwach. Aber Christus ist desto stärker uber alles und wird uns endlich nicht lassen, so wir an ihm bleiben und uns nicht zu denen begeben, die ihm fluchen und lästern. Derselbige, lieber Herr, sei mit Euch in Ewigkeit, Amen. Freitag nach Cantate 1541.

Martinus Luther D.

1 Siehe Brief 64, Anm. 2 in dieser Ausgabe. 2 Joh. 15,19.

69 An seine Frau

Wittenberg, 18. September 1541

Meiner lieben Hausfrauen Käthe Luthern von Bora zu Handen.

Gnad und Friede! Liebe Käthe! Ich lasse hiemit Urban[1] zu Dir laufen, auf daß Du nicht erschrecken sollt, ob ein Geschrei vom Türken[2] zu Dir kommen wurde, und mich wundert, daß Du so gar nichts herschreibest oder enbeutest[3], so Du wohl weißt, daß wir hie nicht ohn Sorge sind fur Euch, weil Mainz[4], Heinz[5] und viel vom Adel in Meißen uns sehr feind sind[6]. Verkäufe und bestelle, was Du kannst, und komme heim[7]. Denn als mich's ansiehet, so will's Dreck regnen, und unsere Sünde will Gott heimsuchen durch seines Zorns Ruten. Hiemit Gott befohlen, Amen. Sonntags nach Lamperti 1541.

M. Luther

1 Unbekannt. 2 Im August hatten die Türken die Truppen König Ferdinands I. geschlagen und Ofen (Buda) eingenommen. 3 entbietest. 4 Kardinal Albrecht von Mainz; siehe Brief 15, Anm. 7 in dieser Ausgabe. 5 Heinrich II. von Braunschweig-Wolfenbüttel (1489–1568) war ein erbitterter Gegner der Reformation. 6 Der dem Meißener Adel entstammende Julius von Pflug (1499–1564) war als Bischof von Naumburg vom Kurfürsten nicht bestätigt worden. 7 Käthe hielt sich in Zülsdorf auf.

70 An Kurfürst Johann Friedrich

Wittenberg, 17. November 1541

Gnade und Friede und mein arm Paternoster! Durchlauchtigster, Hochgeborner Fürst, Gnädigster Herr! Ich habe unlängst an Euer Kurfürstlichen Gnaden geschrieben[1] und gebeten für meinen lieben Schwager Hans von Bora[2]. Aber nachdem der Brief von ihm selbst überantwortet, ist er Zufalls unter andere Briefe verschoben; muß ich aufs neue. Und ob sich der Brief würde wieder finden, und dieser nicht so eben mitstimmet in etlichen Worten, wollen mir's Euer Kurfürstlichen Gnaden ja gnädiglich deuten, denn ich es nicht alles behalten und ich meiner Briefe keiner Abschrift behalte. Die Sache aber ist diese, daß ich ganz untertäniglich Euer Kurfürstlichen Gnaden gebeten und noch bitte, wo Euer Kurfürstlichen Gnaden etwa ein Ämtlein, was es wäre, wollten ihn damit gnädiglich versehen, wie er wohl wird selbst mündlich Bericht tun. Treu und fromm ist er, das weiß ich, dazu auch geschickt und fleißig. Aber sein Vermügen ist nicht gnugsam, sich mit seinem Weiblein und Kindlein zu erhalten ziemlicher Weise. Er ist zu Leipzig im Nonnenkloster Vorsteher gewesen, und wiewohl ihm gerne wäre aufgeleget worden[3], so hat er zuletzt mit der Rechnung ehrlich bestanden und den Kläffern das Maul gestopft. Zuletzt ist mir auf meine Fürbitte diese Antworten worden, daß an ihm kein Mangel wäre, aber man wolle hinfüro die Güter der Nonnen (wie zuvor) wieder eintun[4]. Darauf mußte ich meine Gedanken lassen fahren, da ich dachte, er hätte vielleicht mein entgelten[5] müssen, weil Doktor Pistor[6] wieder in das Regiment gesetzt, der des Buchs von gestohlen Briefen gedenken mochte. Aber Euer Kurfürstlichen Gnaden wollen sich gnädiglich erzeigen gegen Hans von Bora, und wo es christlich ist, tröstliche Antwort vernehmen lassen[7]. Hiemit Gott befohlen, Amen. Donnerstags nach Martini 1541.

Euer Kurfürstlichen Gnaden
untertäniger
Martin Luther

1 Dieser Brief ist verloren. 2 Siehe Brief 61, Anm. 1 in dieser Ausgabe, in dem Luther bei Albrecht von Preußen für den Schwager gebeten hatte. 3 wiewohl man ihn gern beschuldigt hätte. 4 einräumen, wieder wie

früher verwalten lassen. 5 für mich büßen. 6 Der Jurist Simon Pistoris (1489–1562), Professor in Leipzig, war von 1522–1539 und dann wieder von 1541–1548 Kanzler in Dresden. Er stand, von Erasmus beeinflußt, der Reformation abwartend gegenüber. 7 Der Kurfürst ließ auf dieses Bittschreiben hin die Sequestratoren schriftlich anweisen, sie möchten Hans von Bora mit dem Amt eines Klosterverwalters betrauen, sobald ein solches zu vergeben sei.

71 An Kurfürst Johann Friedrich

Wittenberg, 4. Dezember 1541

Dem Durchleuchtigsten, hochgebornen Fursten und Herrn, Herrn Johanns Friedrich, Herzogen zu Sachsen, des Heiligen Romischen Reichs Erzmarschall und Kurfursten, Landgrafen in Thüringen, Markgraf zu Meißen und Burggrafen zu Magdeburg, meinem gnädigsten Herrn.

Gnad und Friede in Christo und mein arm Paternoster! Durchleuchtigster, Hochgeborner Furst, Gnädigster Herr! Nachdem Euer Kurfürstlichen Gnaden auf mein untertänigest Bitte meinem lieben Schwager, Hans von Bora, eine gnädige Schrift an die Sequestratores geben, daß sie sollten, wo etwa ein Klosteramt ledig wäre oder in Kurz wurde, ihn damit auf Beschied etc. versehen. Also ist er mit solcher Euer Kurfürstlichen Gnaden Schrift zu den Sequestratorn gereiset, da hat ihm Herr Bernhard von Hirsfeld diese Antwort gegeben, er wüßte itzt keins ledig, es würde aber auf naheste Philippi etc.[1] das zu Belgern und Michaelis darnach[2] zu Nimbschen ledig. Wo Euer Kurfürstlichen Gnaden nu hierin nicht sonderlichs furnehme und denselben Sequestratorn der eines namhaftig machen und befehlen, obgenannten Hans von Bora einzutün[3], wollten sie es alsdann gehorsamlich ihm also zu kommen verfugen. Bittet derhalben beide, er und ich, wie vor, untertäniglich, Euer Kurfürstlichen Gnaden wollten gnädiglich befehlen, daß ihm Belgern oder Nimbschen eingetan werde, wie es Euer Kurfürstlichen Gnaden am besten zu tun ist. Denn Euer Kurfürstlichen Gnaden haben zu bedenken gnädiglich, daß ihm die Länge und Verzug auf andere künftige Verledigung Euer Kurfürstlichen Gnaden gnädiger Vertröstung eine Sehrung[4] und seines Wesens Bekommerung[5] gebären würde. Euer Kurfürstlichen Gnaden werden sich Ihrer tröstlichen Zusage nach wohl wissen gnädiglich zu erzeigen, ohn das ich diese Fürbitt nicht habe mussen meinem Schwager versagen[6]. Hiemit dem lieben Gott befohlen, Amen. Sonntags Barbarae 1541.

Euer Kurfürstlichen Gnaden
untertäniger
Martinus Luther

1 Philippi und Jacobi fiel auf den 1. Mai 1542. 2 29. September 1542. 3 einzuräumen. 4 Verletzung. 5 Existenzschädigung. 6 Der Kurfürst verfügte am 7. Dezember an die Sequestratoren, daß Hans von Bora das Ostern 1542 vakant werdende Verwalteramt im Kloster Brehna bei Bitterfeld übergeben werde, da Belgern und Nimbschen bereits vergeben seien. Stattdessen wurde er dann aber am 1. Mai 1542 als Klosterverwalter in Kronschwitz eingesetzt.

72 An Kurfürst Johann Friedrich

Wittenberg, 26. März 1542

Dem durchleuchtigsten, hochgebornen Fursten und Herrn, Herrn Johanns Friedrich, Herzogen zu Sachsen, des Heiligen Romischen Reichs Erzmarschall und Kurfursten, Landgrafen in Thüringen, Markgrafen zu Meißen und Burggrafen zu Magdeburg, meinem gnädigsten Herrn.

Gnad und Friede in Christo und mein arm Paternoster! Durchleuchtigster, hochgeborner Furst, gnädigster Herr! Ich muß einmal das Kerbholz losschneiden[1], denn ich lange nicht Euer Kurfürstlichen Gnaden geantwortet habe. Erstlich danke ich untertäniglich Euer Kurfürstlichen Gnaden für das Urteil, so Euer Kurfürstlichen Gnaden haben lassen gehen zwischen meiner Käthen und denen zu Kieritzsch[2], denn es gefällt uns das Urteil wohl und hätten in der Gute[3] (wo es jenem Teil geliebt) wohl mehr um Friede und guter Nachbarschaft willen eingeräumet.

Zum andern danke ich auch fur den Wein, wie wohl das ein ubrig Geschenk ist.

Zum dritten haben mir die Herrn Rektor[4] und Universität angezeigt, wie Euer Kurfürstlichen Gnaden befohlen, die Schätzung[5] meiner Häuser und Guter nicht sollen von mir fordern, doch die Schätzung anschlahen[6]. Des danke ich auch untertäniglich. Aber ich muß Euer Kurfürstlichen Gnaden meine Gedanken anzeigen und bitten, dieselbige gnädiglich zu vernehmen.

Das große Klosterhaus[7], wenn ich gleich sollt, so kunnt ich's nicht verschätzen. Denn ich allwege dran verzweifelt, daß nach meinem Tod sollte mein Käthe oder Kinder bestreiten, so ich's bei meinem Leben mit Dachung, Glas und Eisen etc. schwerlich erhalte, so doch das dritte Teil nicht ausgebauet ist. Und das beste dran ist, daß Euer Kurfürstlichen Gnaden lauts der Verschreibung den Vorkauf dran haben[8]. So hore ich auch und kann's leichtlich gläuben, wo die Zeit sollt so fortfahren, mocht's geschehen, daß man das Haus und Collegium müßte vollschutten zur Wehre. Darum ich zuvor bedacht, meiner Käthen und Kindlin den nähesten Raum dran, Bruns Haus[9], gekauft um 400 und 20 Gulden, dasselbige zu bauen[10], aber nichts dran bezahlet, ohn[12] 120 Gulden, die ich schuldig bin[11], ohn[12] daß die Tage Zeit[13], als in 10 Jahren zu bezahlen, mich bewogen hat. Davon ich auch schwerlich kann Schätzung geben, weil ich's nichts genieße und eitel[14] Schuld ist.

Aber dafur will ich untertäniglich gebeten haben, daß Euer Kurfürstlichen Gnaden wollten die ander Guter von mir verschätzt annehmen, nämlich den Garten[15] fur 500 Gulden, die Hufe mit dem Garten[16] fur 90 Gulden und ein kleins Gärtlin[17] fur 20 Gulden. Und ist die Ursache, daß ich gern wollt mit sein in dem Heer wider den Türken mit meinem armen Pfennige, neben andern, die es williglich geben – denn der Unwilligen ist sonst gnug –, dazu daß ich ein Exempel wäre und die scheelen Augen nicht zu sehr neiden mußten, weil Doktor Martinus auch mußte geben – und wer weiß, ob unser, der Willigen, Pfennig mocht Gotte baß[18] gefallen, mit der armen Witwen, die mit ihrem Scherflin mehr einlegt denn die Reichen, wider der Unwilligen Gulden[19] –, und ich gern unter denen sein wollte, die auch mit leiblicher Tat dem Türken Schaden tun oder von ihm Schaden leiden wurden. Denn wo ich nicht zu alt und schwach, wohl personlich mocht unter dem Haufen sein. Doch mein Gebet mit der Kirchen Gebet längest zu Felde gelegen, darum daß ich sorge, unser Deutschen werden zu vermessen sein und, zuvor ungebußet[20], den Feind verachten, der nicht zu verachten ist, als der alle Teufel in der Helle bei sich hat. Und wo Gott nicht, versuhnet, bei uns sein wird mit seinen Engeln, ich wenig Hoffnung habe auf unser Macht oder Rustung etc.

Zu letzt[21] hab ich Herr Julius Pflugs Schrift[22] gelesen, wiewohl ich's zu langsam kriegt, doch am Ende etwas hineingeflickt[23]. Ist aber gar schlecht Ding, daß er uns mit dem geistlichen Recht angreift, des sie selbst nicht mit einem Finger anruhren[24], und wo sie es halten sollten, freilich alle mußten abtreten von ihren Ständen, Papst zuvor, alle Bischofe, Domherren, als durch ihr eigen Recht verdammt und entsetzt, wie sie horen sollen, wenn sie wiederkommen.

Hiemit dem lieben Gott befohlen, Amen. Und bitte, Euer Kurfürstlichen Gnaden wollten mir's gnädiglich zugut halten, solch verzogen Antwort. Denn ich itzt in einer Erbeit stecke, den Mahmet[25] deutsch ein wenig zu malen[26], daß ich dafur nicht viel denken noch sorgen kann auf etwas anders. Sonntags Judica 1542.

Euer Kurfürstlichen Gnaden
untertäniger
Martinus Luther D.

1 Briefschulden tilgen. 2 Im Vorjahr hatte es um das kleine Gut Zülsdorf, das Luther seiner Frau 1540 gekauft hatte, Streit gegeben, weil die Herrschaft auf dem Rittergut Kieritzsch Ansprüche auf Frondienste und andere Leistungen erhob, die offenbar auf Zülsdorf, einem ehemaligen Vorwerk von Kieritzsch, noch lasteten. 3 bei einem gütlichen Vergleich. 4 Jakob Milich (1501–1559) studierte in Freiburg/Br. und war seit 1524 Professor der Philosophie, später der Medizin in Wittenberg. 5 Schätzung des Besitzes für die Türkensteuer, die nach Bedarf vom Reich ausgeschrieben wurde. 6 Der Kurfürst hatte mit Datum vom 21. März Weisung geben lassen, daß man der Gleichheit halber den Besitz Luthers ordnungsgemäß veranlage, die Steuersumme aber nicht Luther, sondern dem Kurfürsten mitteile, der sie dann begleichen lassen werde. 7 Das heutige Lutherhaus, das ursprünglich als Schlaf- und Speisehaus des Klosters diente. 8 Kurfürst Johann hatte das Schwarze Kloster 1525 an Luther als Wohnsitz übergeben und 1532 auch offiziell auf ihn und seine Nachkommen überschrieben, sich dabei aber für den Verkaufsfall ein Vorkaufsrecht ausbedungen. 9 Luther hatte das Haus Bruno Brauers am 29. Juni 1541 erworben. Es lag auf dem Klostergelände der Collegienstraße. 10 auszubauen. 11 die ich mir habe borgen müssen. 12 nur. 13 die Zahlungsfrist. 14 nichts als. 15 Der Garten an der Zahnischen Straße, den Luther am 19. April 1532 von Claus Bildenhauer gekauft hatte und später oft den Saumarkt nannte. 16 Die sogenannte Kabelhufe, ein Stück Land mit Garten im Eichen- oder Egelpfuhl vor dem Elstertor. 17 Es gehörte dem Diener Wolf Seberger, dessen Besitz ebenfalls geschätzt wurde, da er in Luthers Diensten stand. 18 besser. 19 Vgl. Mk. 12,41–44. 20 ohne vorher Buße getan zu haben. 21 Zu spät. 22 Julius von Pflug (siehe Brief 69, Anm. 6 in dieser Ausgabe) hatte in einer ausführlichen

Denkschrift die Umstände seiner Bischofswahl von 1541 sowie der Nichtanerkennung durch Kurfürst Johann Friedrich behandelt. Der Kurfürst hatte einen evangelischen Bischof verlangt, und so war am 20. Januar 1542 schließlich Nikolaus von Amsdorf (siehe Brief 65, Anm. 22 in dieser Ausgabe) für das Bistum Naumburg-Zeitz als erster evangelischer Bischof eingesetzt worden. 23 Luther ging im Schlußabschnitt seiner Schrift „Exempel, einen rechten, christlichen Bischof zu weihen. Geschehen zu Naumburg Anno 1542, 20. Januar", 1542 (WA 53,219–260) kurz auf Pflugs Memorandum ein. 24 Vgl. Matth. 23,4. 25 Mohammed. 26 Luther arbeitete gerade an seiner „Verlegung des Alcoran Bruder Ricardi, Prediger Ordens", 1542 (WA 53,261–396), der Übersetzung und Bearbeitung einer gegen den Koran gerichteten lateinischen Streitschrift des Dominikaners Ricoldo.

73 An Markus Crodel

Wittenberg, 26. August 1542

Dem trefflichen Mann, Markus Crodel, dem getreuen und aufrichtigen Erzieher der Torgauer Jugend, seinem lieben Freunde im Herrn.

Gnade und Friede! Wie zwischen Dir und mir verabredet, lieber Markus, schicke ich meinen Sohn Johannes zu Dir, damit Du ihn zu den Knaben hinzunimmst, die in Grammatik und Musik unterrichtet werden sollen. Zugleich achte auf seine Sitten und bessere sie, denn zu Dir habe ich sehr großes Vertrauen im Herrn. Die Kosten will ich Dir reichlich erstatten, und Du sollst mir mitteilen, welche Fortschritte er inzwischen gemacht hat und wie weit man es mit ihm bringen kann. Ich habe den Knaben Florian[1] mitgeschickt, vornehmlich darum, weil ich sehe, daß diese Knaben das Beispiel einer Gruppe von mehreren Knaben nötig haben. Damit, scheint mir, läßt sich mehr ausrichten als durch eine abgesonderte private Erziehung. Diesen aber behandle etwas strenger, und wenn Du ihn bei irgendeinem Bürger unterbringen kannst, so tu es; wenn nicht, so schicke ihn zurück. Gott schenke einen guten Anfang. Wenn ich bei diesem Sohn Erfolg sehe, sollst Du bald, so ich lebe, auch die beiden andern Söhne[2] haben. Denn mein Gedanke ist, daß es nach Dir keine Schulmeister von Deiner Gewissenhaftigkeit mehr geben wird, zumal in Grammatik und sittlicher Strenge. Darum: „Nützet die Zeit, mit schnellem Schritt entfliehet die Zeit"[3], und schneller noch gehen die gewissenhaften Lehrer dahin. Danach mögen sie mit größerem Glück zu höheren Studien hierher zurückkehren. Lebe wohl im Herrn und sage Johann Walther[4], daß ich für ihn bete und daß er sich meines Sohnes in der Musik annehmen möge. Denn ich bringe zwar Theologen hervor, würde aber ebenso gerne auch Grammatiker und Musiker hervorbringen. Noch einmal: Leb wohl und grüße auch Gabriel[5] mit den Seinen. Zum dritten Mal und in Ewigkeit: Leb wohl! Am Samstag nach Bartholomäus 1542. Dein Martinus Luther

1 Florian von Bora, ein Neffe Katharina Luthers, wurde 1543 in Wittenberg immatrikuliert. 2 Martin (1531–1565) und Paul Luther (1533–1593). 3 Ovid, De arte amandi 3,65. 4 Johann Walter (1496–1570), seit 1517 Mitglied der kursächsischen Hofkapelle, wurde 1526 Kantor an der Torgauer Schule und gründete dort die erste Kantorei in Deutschland. 1548 ging er, von Herzog Moritz berufen, als Hofkapellmeister nach Dresden, um dort eine Hofkapelle nach dem Muster der Torgauer Kantorei aufzubauen. Bei den frühesten Bemühungen um das evangelische Kirchenlied („Geistliches Gesangbüchlein", 1524) und der „Deutschen Messe" (1526) arbeitete Walter eng mit Luther zusammen. 5 Gabriel Zwilling (Didymus) (um 1487–1558) war Pfarrer und Superintendent in Torgau.

74 An Markus Crodel

Wittenberg, 28. August 1542

Dem trefflichen Mann, Marcus Crodel, dem frommen und getreuen Erzieher der Torgauer Jugend, seinem lieben Freunde im Herrn.

Gnad und Fried! Lieber Markus! Ich will der erste Kläger sein über den Buben Florian, so ich mit Hansen geschickt habe[1], und bitte, wollet ihm zum bene veneris[2] drei Tage nacheinander ja des Tages einen guten fetten Schilling[3] lassen geben ohn alle Barmherzigkeit. Er meinet, er sei der Rut entlaufen, aber sie soll ihn empfahen. Den ersten darum, daß er auf den Wege meinem Paulo[4] das Messer oder ...[5] freventlich genommen hat.

Den andern darum, daß er gelogen und gesaget, ich hab's ihm geschenket, und daß der Schilling um der Lügen willen bis auf das Blut gut sei.

Den dritten, daß er mir also ohn mein Wissen und Willen das Messer enttragen und gestohlen hat. Dieser Schilling soll der beste sein. Oder schickt mir den Buben wieder her und Hans nehme das Messer zu sich und bewahre es. Wäre der Lecker[6] noch hier, ich wollte ihm liegen und stehlen lernen. Er hat es vor nicht getan. Hiemit Gott befohlen. Amen. Montags nach Bartholomaei 1542.

Martinus Luther

1 Florian von Bora und Johannes Luther; siehe den vorausgehenden Brief. 2 Willkommen. So hießen die Prügel, die Sträflingen bei der Einlieferung ins Gefängnis verabreicht wurden. 3 Tracht Prügel. 4 Luthers jüngster Sohn Paul (1533–1593). 5 Lücke in der Überlieferung. 6 Schlingel, Schurke.

75 An Markus Crodel

Wittenberg, 16.(?) September 1542

Gnade und Friede, mein lieber Markus Crodel! Ich bitte Dich, meinem Sohn Johannes zu verheimlichen, was ich Dir schreibe: Meine Tochter Magdalena liegt fast in den letzten Zügen und wird bald dahingehen zu dem wahren Vater im Himmel, wenn es Gott nicht anders gefällt[1]. Aber sie sehnt sich so sehr danach, ihren Bruder zu sehen, daß ich mich genötigt sah, einen Wagen zu schicken. Sie haben einander sehr liebgehabt, und vielleicht kann sie sich durch seine Ankunft wieder erholen. Ich tue, was ich kann, damit mich nicht später das Gewissen quält, etwas versäumt zu haben. Laß ihn also, ohne den Grund zu nennen, mit dem Wagen hierher fliegen. Er wird bald zurückkehren, wenn sie im Herrn entschlafen oder ins Leben zurückgekehrt ist. Lebe wohl im Herrn! Sage ihm, was ihm aufzutragen ist, sei geheim. Alles übrige ist wohlauf. 6. September 1542.

Dein Martinus Luther

1 Magdalena Luther (geb. 4. Mai 1529) starb am 20. September.

76 An Justus Jonas

Wittenberg, 23. September 1542

Dem hochberühmten Mann, Herrn Justus Jonas, Doktor der Theologie, Propst zu Wittenberg, Gesandten zu Halle in Sachsen, seinem Oberen im Herrn.

Gnade und Friede im Herrn! Ich bleibe bei meiner Ansicht, lieber Jonas, daß es niemals dahin kommen wird, daß der Mainzer Teufel[1] das Hallesche Burggrafenamt kaufen wird, zumal so teuer und mit der Auflage, dem Evangelium freien Lauf zu lassen. Was immer dieser Sohn des Fluches und Verderbens[2] tut oder sagt, es ist Lüge und Heuchelei. Du wirst Dich erinnern, daß ich zu sagen pflege, selbst die Sonne habe nichts Verschlageneres gesehen als dieses Wesen. Macht er doch ein Gespött und Gelächter aus unserem Fürsten, so wie aus allen Menschen. Darum glaube ich, Ihr Hallenser seid unnötigerweise in Verwirrung geraten und durch diesen Sturm im Wasserglas erschreckt, obgleich das jenem Ungeheuer höchst ergötzlich gewesen ist, das einzig davon lebt, als der teuflischste Teufel sich am Unglück der Elenden zu weiden oder, wenn es kein wirkliches ist, sich zu freuen, daß sie durch scheinbares Unglück verwirrt werden.

Deinen Sohn[3] habe ich, wie Du geschrieben hast, in strenger und ernster Vermahnung dazu angehalten, dem Vater – und dazu einem solchen Vater! – gern zu gehorchen und zu bedenken, daß Gott ihn mit solchem Segen gesegnet hat, daß der Vater sein Heranwachsen bisher erlebt hat, mit dessen Rat und Hilfe ein so schwieriges Alter und die Erbsünde gemeistert werden können in dieser schlechten Welt und bei diesem Wüten des Teufels. Er hat versprochen, gehorsam zu sein und auf Deine und der Lehrer Ratschläge zu achten.

Ich glaube, die Nachricht hat Dich erreicht, daß meine von Herzen geliebte Tochter Magdalena wiedergeboren ist zum ewigen Reich Christi[4]. Und obwohl ich und meine Frau nur froh und dankbar sein sollten über ihren so glücklichen Heimgang und ihr seliges Ende, durch das sie der Gewalt des Fleisches[5], der Welt, des Türken und des Teufels entkommen ist, so ist doch die Macht der Liebe so groß, daß wir es ohne Schluchzen und Wehklagen des Herzens, ja ohne großes Absterben[6] nicht vermögen. Denn tief im Herzen haftet ihr Blick, die Worte und Gebärden der lebenden und sterbenden und so gehorsamen und sittsamen Tochter, daß nicht einmal der Tod Christi (und was sind alle Tode, verglichen mit seinem?) das ganz vertreiben kann, wie es doch sein sollte. So sage Du Gott Dank an unserer Statt! Denn er hat wahrlich ein großes Werk an uns getan, der unser Fleisch so verherrlicht hat. Sie war (wie Du weißt) von sanftem und freundlichem Wesen und jedermann lieb. Gelobt sei der

Herr Jesus Christus, der sie berufen hat, erwählt und verherrlicht. Ach daß doch mir und all den Meinen und all den Unsern ein solcher Tod zuteil würde, vielmehr ein solches Leben: das allein erbitte ich von Gott, dem Vater allen Trostes und aller Barmherzigkeit[7]. In ihm lebe wohl mit Deiner ganzen Familie, Amen. Sonnabend nach Matthaei 1542.

Dein Martin Luther

1 Albrecht von Mainz; siehe Brief 15, Anm. 7 in dieser Ausgabe. 2 Joh. 17,12; 2. Thess. 2,3. 3 Justus Jonas d. J. (1525–1567). 4 Vgl. Brief 75, Anm. 1. 5 Dieses Wort schrieb Luther in dem ansonsten lateinisch gefaßten Brief auf griechisch. 6 Vgl. 2. Kor. 4,10. 7 2. Kor. 1,3.

77 An Nikolaus von Amsdorf

Wittenberg, 29. Oktober 1542

Gnade und Friede! Ich danke Dir, lieber Mann, daß Du mich über den Tod meiner geliebten Tochter[1] hast trösten wollen. Ich habe sie in der Tat geliebt, nicht allein, weil sie mein Fleisch war, sondern wegen ihres so sanften und friedlichen Wesens und ihrer großen Folgsamkeit gegen mich. Aber nun freue ich mich, daß sie in süßestem Schlaf bei ihrem Vater lebt bis an jenen Tag. Und wie unsere Zeiten sind und immer noch schlimmer werden, so bitte ich aus tiefem Herzen, daß mir und allen Meinen, auch Dir und allen Deinen eine solche Sterbestunde gegeben werde mit so großem Glauben und sanfter Ruhe; das heißt wahrhaftig im Herrn entschlafen, den Tod nicht sehen noch schmecken und kein bißchen Furcht empfinden. Ich hoffe, daß jetzt die Zeit sei und sein werde, von der es Jesaja 57[2] heißt: Die Gerechten werden aufgelesen und kommen zum Frieden in ihren Kammern, auf daß, wenn er das Getreide in seine Scheune sammelt, er die Spreu ihrem Feuer übergebe[3]; welches die Welt verdient hat und noch verdient mit ihrer schrecklichen Undankbarkeit, Verachtung, ihrem Haß auf das Wort der Gnade, so daß es mich verdrießt zu leben und irgend etwas zu sehen in diesem schrecklichen Sodom.

Ich würde gern öfter an Dich schreiben, aber ich habe keinen Boten, und Du schreibst recht selten. Daß Gerüchte über Heinz[4] ausgestreut werden und Drohungen, glaube ich gern. So sind

Deine Meißner eitel geworden, besonders durch diese Maske von Merseburg[5], wo sie sich für tapfer halten und uns für ängstlich. Aber wir verachten sie[6]. Was den Krieg angeht, so ist dennoch zu befürchten, daß aus dieser Unruhe ein Feuer entstehe. Gott möge uns behüten. Gegen den Türken, dachte ich früher, würden wir nichts ausrichten, als Geld zu vergeuden und Spott zu ernten. Was mag Gott durch solche Leute[7] tun? Dennoch muß man beharrlich beten, damit Gott selbst oder durch die Engel diese Bestie zunichte mache, wie er es mit dem Papsttum getan hat und dessen furchtbarer Heuchelei und Unmenschlichkeit.

Ich weiß nicht, ob mein voriger Brief an Dich gekommen ist, in dem ich angefragt habe, ob bei Dir die Stelle eines Lektors der Theologie frei wäre. Doktor Hieronymus Weller[8] hat mich darum gebeten, der auch selber über die eisige Kälte seiner Freiberger klagt und über die ganz frostige Verachtung des Wortes. Aber inzwischen kommt mir in den Sinn, daß ich dies vergeblich frage, weil bei Dir noch nicht alle Dinge geregelt sind. Du sei getrost im Herrn und unverzagt[9], denn Christus wollte, daß Du an dieser Stelle säßest, damit sein Feind dort keinen Raum finde. Du dienst Christus allein schon damit, daß Du diese Stelle innehast und so dem Teufel zuvorkommst, selbst wenn Du daneben die ganze Zeit über nichts anderes tun würdest; wieviel mehr dienst Du ihm, da Du nicht müßig bist, sondern kämpfst und die Sünden im Volk wegnimmst durch das Wort Gottes; in ihm leb wohl. Es grüßt Dich meine Käthe, die noch immer schluchzt in der Erinnerung an die so gehorsame Tochter. Am Sonntag nach Simonis und Judae 1542.

Dein Martinus Luther

1 Vgl. Brief 75, Anm. 1. 2 Vers 1f. 3 Matth. 3,12; 13,30. 4 Siehe Brief 69, Anm. 5 in dieser Ausgabe. 5 Bischof Sigismund von Lindenau (gest. 1544). 6 Bei der Einführung der Reformation im Herzogtum Sachsen suchte der Meißner Bischof allen Auseinandersetzungen zuvorzukommen, indem er sich gegenüber Herzog Heinrich von Sachsen anbot, in seinem Stift selbst zu reformieren. Der Bischof von Merseburg hatte sich dagegen hilfesuchend an Herzog Heinrich II. von Braunschweig-Wolfenbüttel gewandt. 7 wie Kurfürst Joachim II. von Brandenburg (gest. 1571), der für einen Ausgleich zwischen Kaiser Karl V. und den evangelischen Fürsten eintrat. 8 Siehe Brief 42, Anm. 9 in dieser Ausgabe. 9 Jos. 1,6.

78 An Justus Jonas

Wittenberg, 26. Dezember 1542

Dem hochberühmten und besten Mann, Herrn Justus Jonas, Doktor der Theologie, Gesandten Christi zu Halle in Sachsen, Propst zu Wittenberg, seinem ehrwürdigen Oberen im Herrn.

Gnade und Friede in Christus, der unser Heil und Trost ist, lieber Jonas! Ich weiß gar nicht, was ich schreiben soll, so hat mich dieser plötzliche Unfall von Dir[1] niedergeschmettert. Wir alle haben eine überaus liebenswürdige Lebensgefährtin verloren. Sie war mir nicht allein wahrhaft lieb, sondern immer auch von höchst erfreulichem Anblick und voller Trost, denn wir wußten ja, daß sie alle unsere Angelegenheiten, ob nun gute oder schlechte, nicht anders aufnahm und hielt, als wären es ihre eigenen. Das ist gewiß eine bittere Trennung, und ich hatte gehofft, daß sie nach meinem Tod noch am Leben und auch den Meinen unter allen Frauen die größte und nächste Trösterin sei. Ich bin mit übergroßem Schmerz geschlagen, wenn ich mich ihrer so liebenswerten Art, ihres freundlichen Wesens, ihres so treuen Herzens erinnere. Das Heimweh nach einer solchen Frau, die durch Frömmigkeit und Ehrbarkeit, durch Anstand und Freundlichkeit hervorstach, ist es, das mich schluchzen macht. Was es bei Dir auslösen wird, kann ich an meinem eigenen Beispiel leicht ermessen. Das Fleisch hat hier keinen Trost, man muß sich an den Geist halten[2], daß sie in glücklichem Lauf uns vorangegangen ist zu ihm, der uns alle berufen hat und zu seiner seligen Stunde auch uns aus der Schlechtigkeit und Bosheit der Welt zu sich ziehen wird, Amen.

Indessen bitte ich Dich, so zu trauern (denn Grund dazu ist ja vorhanden), daß Du Dich unseres gemeinsamen christlichen Loses erinnerst, daß wir, wie sehr wir auch nach dem Fleisch in schmerzlichster Trennung geschieden sind, in jenem Leben uns dennoch in der lieblichsten Vereinigung mit dem einen verbunden und versammelt sehen werden, der uns so geliebt hat, daß er mit seinem eigenen Blut und Tod uns dieses Leben bereitet hat. Wie Paulus sagt: „Wir sterben, und siehe, wir leben“[3]. Und es ist uns gut ergangen, wenn wir im reinen Glauben an den Sohn Gottes entschlafen. Denn wahrlich: „Deine Güte ist besser als Leben“[4]. Wie weit, frage ich, sind von diesem Ruhm und Trost die Türken, die Juden und, schlimmer noch, die Papisten, Kardinäle, Heinz[5] und Mainz[6] entfernt, die trauern sollten, um nicht in Ewigkeit trauern zu müssen. Uns, die wir eine kleine Zeit traurig sind, wird unaussprechliche Fröhlichkeit empfangen[7], zu der Deine Käthe und meine Magdalena[8] mit vielen andern uns vorangegangen sind, und sie rufen, mahnen und locken uns täglich, daß wir folgen sollen. Denn wer wird nicht endlich der Ungeheuerlichkeiten müde in dieser Welt? Wenn anders sie Welt genannt werden muß und nicht die Hölle des Bösen selbst, mit dem diese Sodomiten unsere Seele und unsere Augen quälen bei Tag und Nacht. Und sie betrüben, wie wir lesen, daß es bei Noah geschah[9], den Heiligen Geist[10], so daß ihn der ganzen Kreatur gereute, die, mit uns vereint, mit unaussprechlichen Seufzern nach ihrer und unserer Erlösung seufzt[11]. Bald wird er sie erhören, der um diese Seufzer weiß und sie versteht, Amen.

Das habe ich, da ich jetzt, durch Deinen Unfall bekümmert, noch nichts anderes vermag, schreiben wollen, denn ich zweifle nicht, daß Du von schwerstem Kummer niedergedrückt bist. Meine Käthe war außer sich, denn sie beide waren ein Herz und eine Seele. Wir beten, daß Gott auch Dein Fleisch trösten wolle. Denn Dein Geist hat, dessen er sich freuen kann, wenn er bedenkt, daß die heilige und selige Frau von Deiner Seite weg in den Himmel und das ewige Leben erlöst worden ist; woran kein Zweifel ist, da sie mit so frommen, so heiligen Worten den Glauben bekannt hat und in Christi Schoß entschlafen ist. So ist auch meine Tochter entschlafen, zu meinem großen und einzigen Trost. Der Herr, der Dich hat niedrig werden lassen, der möge Dich wieder trösten hier und in Ewigkeit, Amen. Am dritten Tag nach der Geburt Christi 1542.

Dein Martinus Luther, D.

1 Jonas' Frau Katharina, geb. Falk, hatte am 6. Dezember 1541 als 12. Kind einen Sohn geboren, der Tags darauf schon wieder gestorben war. Sie selber starb, wieder schwanger, am 22. Dezember 1542. 2 ergänze: um zu sehen. 3 2. Kor. 6,9; 2. Tim. 2,11. 4 Ps. 63,4. 5 Siehe Brief 69, Anm. 5 in dieser Ausgabe. 6 Siehe Brief 15, Anm. 7 in dieser Ausgabe. 7 1. Petr. 1,6.8. 8 Vgl. Brief 75, Anm. 1. 9 1. Mose 6,6. 10 Eph. 4,30. 11 Rö. 8,26.

79 An Markus Crodel

Wittenberg, 26. Dezember 1542

Gnade und Friede! Ich glaube gern, lieber Markus, daß mein Sohn[1] durch die Worte seiner Mutter sich erweichen ließ, zumal noch die Trauer über den Tod der Schwester hinzukam[2]. Aber ermuntere Du ihn beherzt! Denn das ist sicher, daß er sich Deiner und Deiner Frau rühmte, er habe es bei Euch ebenso gut oder noch besser als hier bei uns. Befehle ihm also, dieses weibische Gemüt zu bezwingen und sich daran zu gewöhnen, Leid zu ertragen und nicht dieser kindischen Weichlichkeit nachzugeben. Denn dazu ist er nach auswärts geschickt worden, daß er lerne und stark werde. Ich möchte nicht, daß er zurückkehrt, solange kein anderer Grund vorliegt. Wenn eine andere Krankheit noch hinzukommt, so sage es mir. Inzwischen soll er das besorgen und tun, um dessentwillen er geschickt worden ist, und den Gehorsam gegen den Vater nicht verletzen. Wir hier sind, Gott sei Dank, wohlauf und gesund. Lebe wohl. Am Tage Stephani 1542.

Dein M. Luther

1 Luthers ältester Sohn Johannes (1526–1575). 2 Johannes hatte die letzten vier Lebenstage seiner Schwester Magdalena in Wittenberg miterlebt (vgl. Brief 75).

80 An seinen Sohn Johannes

Wittenberg, 27. Dezember 1542

Gnade und Friede im Herrn! Mein lieber Sohn Johannes, ich und Deine Mutter sind mit dem ganzen Haus wohlauf. Du aber siehe zu, daß Du diese Tränen männlich überwindest, damit Du Deiner Mutter, die auch sonst leicht zu Sorgen und Furchtsamkeit neigt, nicht noch Schmerz und Sorge hinzufügst. Du gehorche Gott, der Dich durch uns dorthin zur Ausbildung befohlen hat, und leicht wirst Du diese Weichlichkeit vergessen. Die Mutter konnte nicht schreiben, hat es auch nicht für nötig gehalten, und sagt, sie habe alles, was sie Dir gesagt hat (Du solltest, wenn es Dir vielleicht schlecht ginge, zurückkommen), in bezug auf Krankheit gemeint, damit Du, wenn solches eintritt, uns umgehend Bescheid gibst. Im übrigen möchte sie, daß

Du dieses Trauern ablegst und fröhlich und ruhig studierst. Hiermit lebe wohl im Herrn! Am Tag Johannis Evangelistae 1542.

Dein Vater
Martinus Luther

81 An Kurfürst Johann Friedrich

Wittenberg, 17. März 1543

Dem durchleuchtigsten, hochgebornen Fursten und Herrn, Herrn Johanns Friedrich, Herzog zu Sachsen, des Heiligen Romischen Reichs Erzmarschaller und Kurfursten, Landgrafen in Thüringen, Markgrafen zu Meißen und Burggrafen zu Magdeburg, meinem gnädigsten Herren.

Gnad und Friede und mein arm Paternoster! Durchleuchtigster, Hochgeborner Furst, Gnädigster Herr! Mich hat vermocht mein lieber Schwager Hans von Bora[1], diese Schrift an Euer Kurfürstlichen Gnaden untertäniglich zu tun, und zeigt mir an, wie Euer Kurfürstlichen Gnaden eine Änderung furhaben mit den Klostern und Sequestration[2], welchs ich zuvor wohl (aber nichts verstanden) oft habe horen begehrt und gewunscht von viel guten Leuten. Gott gebe Gnade, daß es auch besser werde, Amen.

Nu bittet Hans von Bora, Euer Kurfürstlichen Gnaden wollten ja gnädiglich drein sehen lassen, daß er nicht am Schaden sein musse[3], sondern, weil er das Kloster[4] mit seinem Dartun angefangen anzurichten, daß er muge des zukommen[5]. An Euer Kurfürstlichen Gnaden Herz und Mut ist kein Zweifel, aber Euer Kurfürstlichen Gnaden sehen und erfahren, wie die Leute itzt gesinnet sind und wie schwer das Regiment worden ist, daß wohl not wäre, ein Herr hätte in allen Winkeln Augen und Ohren. Es ist kein Gewissen noch Treu mehr. Gott helfe Euch Regenten, Ihr seid doch ja arme geplagte Leute, den wenig Leute hold, alle Teufel gram, auch Freunde nicht feste Freunde sind. Gott und sein Häuflin sei und bleib Euch gnädig und hold, Ihr durft's wohl, sonderlich in dieser letzten wütenden Bosheit aller Teufel und Menschen. Euer Kurfürstlichen Gnaden werden sich wohl wissen gnädiglich zu erzeigen, daß der gute Geselle nicht am Schaden sei[6]. Hiemit dem lieben Gott befohlen, Amen. Am Tag Gertrudis 1543.

Euer Kurfürstlichen Gnaden
untertäniger
Martinus Luther D.

1 Siehe Brief 61, Anm. 1 in dieser Ausgabe. 2 Der Kurfürst ließ die Sequestration beenden und nahm die Kirchengüter in eigene Verwaltung. 3 geschädigt werde. 4 Kronschwitz; siehe Brief 71, Anm. 6 in dieser Ausgabe. 5 auf seine Kosten kommen. Hans von Bora hatte das Kündigungsschreiben des Kurfürsten an Luther weitergeleitet und ihm geklagt, er müsse fürchten, bei der Abtretung der Klosterverwaltung zu kurz zu kommen. 6 Als Kronschwitz im Mai 1544 verkauft wurde, bat Hans von Bora den Kurfürsten um eine Abfindung. Dieser wies ihn darauf an, die ungefähre Höhe der gewünschten Abfindungssumme mitzuteilen, damit er dies an den Käufer weiterleiten könne. Vom weiteren Verlauf dieser Sache ist nichts, von Hans von Boras weiterem Leben nur wenig bekannt.

82 An Justus Jonas

Wittenberg, 30. September 1543

Dem berühmten Mann, Herrn Justus Jonas, Doktor der Theologie, dem treuen Gesandten des Herrn in Halle, seinem Oberen im Herrn.

Gnade und Friede! Es gibt viel zu beten in diesen Zeiten, lieber Jonas, wenig zu schreiben. Denn es ist fast nichts Gutes, das man schreiben könnte bei diesem Wüten alles Bösen ringsum. Beten aber kann man nur Gutes. Die Geißel der Pest wütet jetzt bei Euch, vielleicht auch nicht mehr weit von uns, aber diese Rute ist immer eine Rute der Kirche gewesen, wie Paulus 1. Korinther 10 sagt, mit der die Trägheit und Gleichgültigkeit der Kirche gezüchtigt worden ist. „Viele von euch schlafen", sagt er, „und viele sind schwach. Aber so werden wir gezüchtigt, wenn wir vom Herrn gerichtet werden, auf daß wir nicht samt der Welt verdammt werden"[1]. Die Kriege sind eine Geißel des Zorns, besonders die Kriege in unserer Zeit, die nicht Kriege, sondern Räubereien des wütenden Satans sind durch diese wütenden Menschen, so daß von diesen mehr Schlechtes ausgeht, wenn sie uns innerhalb der Mauern verteidigen, als von den Feinden, die von außen stürmen.

Wolf Heinze[2], der gute Mann, erbarmt mich, und ich weiß um seinen Schmerz[3]. Aber es kommt die Zeit, da er Gott danken wird, der die Seinen aus diesen Abgründen und Schlünden der Welt entrissen hat durch eine so väterliche und, wie ich gesagt habe, der Kirche eigentümliche Geißel. Jetzt freue ich mich, daß meine geliebte Tochter Magdalena[4] aus dem Chaldäischen Ur[5] entrissen ist, und bin sicher, daß sie im ewigen Frieden sicher ist, wenn ich sie auch mit großer Trauer verloren habe. Du sei getröstet samt den Deinen im Herrn, der Dich und sie bewahren möge zu seiner Ehre. Deinen Justus werde ich treulich vermahnen und auch meinen Johannes[6] dazutun, wenn es dem Philippus erträglich sein wird. Leb wohl und bete für mich! Von den Türken und Papisten, deren Rühmen ich für den Mist des Teufels ansehe, schreibe ich nichts. Am letzten September 1543.

Dein Martinus Luther, D.

1 1. Kor. 11,30.32. 2 Wolf Heinze war Organist in Halle. 3 Seine Frau war Anfang September an der Pest gestorben. Luther hatte ihm am 11. September brieflich kondoliert. 4 Vgl. Brief 75, Anm. 1. 5 1. Mose 11,31. 6 Er war bisher bei Markus Crodel in Torgau zur Ausbildung; siehe die Briefe 73–75 und 79 in dieser Ausgabe.

83 An Jakob Propst

Wittenberg, 17. April (?) 1544

Gnade und Friede im Herrn! Ich schreibe ganz kurz, lieber Jakob, um nicht überhaupt nichts zu schreiben, als hätte ich Dich vergessen oder übersehen. Ich bin gänzlich träge, müde, matt, will sagen, ein Greis und nicht mehr zu gebrauchen. Ich habe meinen Lauf vollendet[1]; nun steht noch aus, daß mich der Herr zu meinen Vätern versammelt[2] und der Verwesung und den Würmern ihr Teil gegeben wird. Ich habe genug gelebt[3], wenn es Leben zu nennen ist. Bete Du für mich, damit die Stunde meines Hinscheidens Gott zum Dank und mir zum Heil werde. Um den Kaiser und das ganze Reich sorge ich mich nicht, nur daß ich im Gebet sie Gott befehle. Mir scheint, als habe auch die Welt die

Stunde ihres Hinscheidens erreicht und als wechsle sie schon bald, wie der Psalm sagt[4], ihr veraltetes Gewand, Amen. Nichts an den Fürsten ist noch von heldenmütiger Tugend, sondern nur unheilbarer Haß und Streit, Habgier und eigensinnige Begehrlichkeit. So hat der Staat keine Männer[5], und das 3. Kapitel Jesajas eilt in vollem Lauf dahin[6]. Es ist darum nichts Gutes zu hoffen, außer daß jener Tag der großen Ehre Gottes und unserer Erlösung offenbart werde.

Meine Tochter Margarethe[7] läßt danken für Dein kleines Geschenk. Sie hat zugleich mit ihren Brüdern eine kleine Krankheit erlitten, aber während jene schon längst wiederhergestellt sind, ist sie von einem recht hartnäckigen und schrecklichen Fieber erfaßt worden, fast 10 Wochen lang, und liegt noch jetzt, bei zweifelhaftem Ausgang, mit Leben und Gesundheit im Streit. Und ich werde dem Herrn nicht zürnen, wenn er sie aus dieser teuflischen Welt und Zeit hinwegnimmt, aus der auch ich mit all den Meinen wünsche, rasch herausgerissen zu werden, weil ich jenen Tag und das Ende des wütenden Teufels herbeisehne. Lebe wohl im Herrn Jesus Christus! Grüße Deine Familie und sei selber gegrüßt im Namen meiner Käthe und von uns allen. Bete für uns! Am 5. Dezember[8] 1544.

Dein Martinus Luther D.

1 2. Tim. 4,7. 2 Vgl. 1. Kön. 19,4. 3 Vgl. Horaz, Satiren (Sermones) 1,1,118. 4 Ps. 102,27. 5 Livius, Ab urbe condita 4,32,10. 6 Jes. 3 kündigt Gottes Strafgericht über Jerusalem an. 7 Margarethe (1534–1570) war Propsts Patenkind. 8 Dieses (falsche) Datum scheint später von fremder Hand auf gut Glück beigefügt worden zu sein.

84 An Georg Hösel

Wittenberg, 13. Dezember 1544

An Georg Hösel, den Bergschreiber zu Marienberg.

Gottes Gnade und Trost durch seinen eingebornen Sohn Jesum Christum, unsern Heiland, zuvor! Ehrbarer, günstiger, weiser Herr! Wiewohl ich Euch nicht gerne diese traurige Botschaft zu erkennen gebe, daß Euer lieber Sohn Hieronymus[1] aus dieser Welt in Gottes Willen verschieden ist, so fordert es doch die Notdurft, solches Euch anzuzeigen, und will Euch dabei gebeten haben, Ihr wollet Euch als ein christlicher Mann betrachten, daß unser Heiland Christus gesagt: „Es ist der Wille des himmlischen Vaters nicht, daß einer aus diesen Kleinen verderbe“[2]. Dieweil dann Christus klar spricht, daß diese Jugend, so in Gottes Erkenntnis und Kirchen ist, sei Gott gefällig und solle nicht verloren sein, sagt dabei ein Zeichen, daß ihre Engel allezeit Gottes Angesicht sehen[3], sollet Ihr nicht zweifeln, er sei bei unserm Heiland Christo und bei allen Seligen in Freuden. Ich bin auch ein Vater und habe meiner Kinder etliche sterben sehen, auch ander größer Elend, denn der Tod ist, gesehen und weiß, daß solche Sachen wehe tun. Wir sollen aber dem Schmerzen widerstehen und uns mit Erkenntnis der ewigen Seligkeit trösten. Gott will, daß wir unsere Kinder lieb haben und daß wir trauern, wann sie von uns genommen werden hinweg, doch soll die Traurigkeit mäßig und nicht zu heftig sein, sondern der Glaube der ewigen Seligkeit soll Trost in uns wirken. Von Euers Sohns Krankheit wisset, daß er an einem Fieber gelegen, daran etliche mehr eine Zeitlang gestorben, und doch bei Eurem Sohn guter Fleiß geschehen durch die Ärzte, wie uns neulich ein wohlgeschickter Knabe von Lüneburg und ein Straßburger also gestorben. Der ewige Vater unsers Heilands Jesu Christi wolle Euch helfen trösten und stärken zu aller Zeit. Datum[4] Wittenberg den 13. Dezember, anno 1544.

Martin Luther

1 Hieronymus Hösel war erst im September 1544 in Wittenberg immatrikuliert worden. 2 Matth. 18,14. 3 Matth. 18,10. 4 Gegeben.

85 An Andreas Osiander

Wittenberg, 3. Juni 1545

Dem berühmten Mann, Herrn Andreas Osiander, dem treuen und aufrichtigen Diener Gottes in der Kirche zu Nürnberg, seinem Bruder und ehrwürdigen Oberen im Herren.

Gnade und Friede in Christus, der unser Trost[1], ja der ganz unser ist und wir ganz sein, wie Paulus sagt: „Wir leben oder sterben, so sind wir des Herrn“[2]. Wir haben gehört, bester und lieber Osiander, daß Du von neuem tief betrübt worden bist[3], und gleich durch eine zwiefache Trübsal, nämlich durch den Tod Deiner Frau und Deiner lieben Tochter. Und das Exempel meiner eigenen geliebten Tochter[4] läßt mich stark und noch stärker glauben, daß Dir ihr Tod einen ganz beispiellosen Schmerz bereitet. Es ist wundersam, wie sehr mich der Tod meiner Magdalena peinigt, die ich noch immer nicht vergessen kann. Aber ich weiß ganz gewiß, daß sie am Ort der Erquickung[5] und des ewigen Lebens ist und daß mir Gott gerade in ihr ein großes Zeichen seiner Liebe gegeben und noch zu meinen Lebzeiten mein Fleisch in seinen Schoß zurückgeführt hat. Aber das ist die natürliche Liebe, wie Du weißt, die, wiewohl sie gut und natürlich ist, doch mit uns gekreuzigt werden muß, damit der gute, wohlgefällige und vollkommene Wille Gottes[6] erfüllt werde, zumal ja auch selbst der Sohn, durch den[7] und um dessentwillen alles ist, hat untergehen und sterben wollen, obwohl er es nicht schuldig war und auch nicht mußte. Ich schreibe dies, um zu bezeugen, und glaube, daß Du in der Tat glaubst, daß wir an diesen Anfechtungen teilhaben, gleichwie Gott gegeben hat, daß Du ein lauterer und treuer Genosse unseres Glaubens und unserer Lehre bist. Denn Du wirst diesen Deinen geliebten Isaak zum Brandopfer opfern[8], dem Herrn zu einem lieblichen Geruch[9]: nicht Deine Frau oder Deine Tochter, welche leben und selig sind im Herrn, sondern jene starke und so bittere, natürliche Leidenschaft, die in uns lebendig ist. Aber für den Herrn ist dieses Opfer vonnöten, wenngleich zu unserem Trost. Doch was kann das Ei die Henne lehren[10]; Du weißt dies alles besser, ohne daß ich es lehre. Leb wohl und sei gewiß, daß Du uns lieb und wert bist. Den 3. Juni 1545.

Dein Martinus Luther D.

1 Vgl. Lk. 2,25. 2 Rö. 14,8. 3 Im Sommer 1537 war Osianders erste Frau, Katharina Preu, mit der er sich im November 1525 verheiratet hatte, gestorben. Bereits im November 1537 hatte er sich dann mit Helena Künhofer wieder verheiratet, die Anfang Juni 1545, fast gleichzeitig mit einer Tochter, starb. 4 Vgl. Brief 75, Anm. 1. 5 Apg. 3,20. 6 Rö. 12,2. 7 Joh. 1,3. 8 1. Mose 22,2. 9 Eph. 5,2. 10 Sprichwort (lat.: Quid sus Minervam?).

86 An seine Frau

Zeitz, 28. Juli 1545

Meiner freundlichen, lieben Hausfrau Katharina Luthers von Bora, Predigerin, Brauerin, Gärtnerin und was sie mehr sein kann.

Gnad und Friede! Liebe Käthe, wie unser Reise ist gangen, wird Dir Hans alles wohl sagen; wiewohl ich noch nicht gewiß bin, ob er bei mir bleiben solle, so werden's doch Doktor Caspar Cruciger und Ferdinandus wohl sagen[1]. Ernst von Schönfeld hat uns zu Löbnitz[2] schön gehalten, noch viel schöner Heinz Scherl zu Leipzig[3].

Ich wollt's gerne so machen, daß ich nicht durft wieder gen Wittenberg kommen. Mein Herz ist erkaltet, daß ich nicht mehr gern da bin, wollt auch, daß Du verkaufest Garten und Hufe, Haus und Hof. So wollt ich meinem gnädigsten Herrn das große Haus wieder schenken[4], und wäre Dein Bestes, daß Du Dich gen Zölsdorf setzest, weil[5] ich noch lebe, und kunnte Dir mit dem Solde[6] wohl helfen, das Gutlin zu bessern. Denn ich hoffe, mein gnädigster Herr soll mir den Sold folgen lassen zum wenigsten ein Jahr meines letzten Lebens[7]. Nach meinem Tode werden Dich die vier Element zu Wittenberg doch nicht wohl leiden. Darum wäre es besser bei meinem Leben getan, was denn zu tun sein will. Vielleicht wird Wittenberg, wie sich's anläßt mit seinem Regiment, nicht Sankt Veits Tanz[8] noch Sankt Johanns Tanz[9], sondern den Bettlertanz oder Beelzebubstanz kriegen, wie sie angefangen, die Frauen und Jungfrauen zu bloßen[10] hinten und vorn[11], und niemand ist, der da strafe und wehre, und wird Gottes Wort dazu gespottet. Nur weg und aus dieser Sodoma.

Ist Lecks Bachscheiße[12], unser ander Rosina[13], und Deceptor[14] noch nicht eingesetzt[15], so hilf, was Du kannst, daß der Bosewicht sich bescheißen musse[16]. Ich hab auf dem Lande mehr gehort, denn ich zu Wittenberg erfahre, darum ich der Stadt mude bin und nicht wiederkommen will, da mir Gott zu helfe.

Ubermorgen werde ich gen Merseburg fahren, denn Furst George hat mich sehr drum lassen bitten[17]. Will also umher schweifen und ehe das Bettelbrot essen, ehe ich mein arm, alte letzte Tage mit dem unordigen Wesen zu Wittenberg martern und verunruhigen will, mit Verlust meiner sauren, teuren Arbeit.

Magst solchs (wo Du willt) Doktor Pommer und Magister Philipps[18] wissen lassen, und ob Doktor Pommer wollt hiemit Wittenberg von meinenwegen gesegenen. Denn ich kann des Zorns und Unlusts nicht länger leiden[19]. Hiemit Gott befohlen. Amen. Dienstag, Knoblochstag[20] 1545.

Martinus Luther D.

1 Caspar Cruciger war nach Zeitz gerufen worden, um mit dem Bischof Amsdorf einen Streit unter den Naumburger Geistlichen zu schlichten. Luther hatte sich ihm zusammen mit seinem ältesten Sohn Johannes und seinem Kostgänger Ferdinand von Maugis (geb. 1520) angeschlossen. 2 Ernst von Schönfeld (gest. vor 1550), Herr zu Löbnitz. 3 Heinz (Heinrich) Scherl (1475–1548) stammte aus Nürnberg und wurde 1521 Ratsherr, 1524 Stadtrichter in Leipzig. Er war einer der bedeutendsten (und reichsten!) Kaufleute in der Stadt. Scherl stand schon 1523 auf der Seite Luthers, wagte es aber Herzog Georgs wegen nicht, sich offen zur Reformation zu bekennen. Mit Luther war er seit 1540 persönlich bekannt. 4 Siehe Brief 72, Anm. 8 in dieser Ausgabe. 5 dieweil, solange. 6 Luthers Gehalt aus der kurfürstlichen Kammer belief sich zunächst auf 200 Gulden und wurde 1536 auf 300 und 1540 auf 400 Gulden erhöht. 7 Luther rechnete damit, daß der Kurfürst ihm trotz seiner Abwesenheit noch ein Jahr lang weiter auszahlen werde. 8 krankhafte Nervenzuckungen in Gesicht und Gliedern. 9 Tanz um das Johannisfeuer am 24. Juni. 10 entblößen. 11 Luther denkt an die damals gerade aufgekommenen Drehtänze, in deren Bekämpfung sich Kirche und Magistrat einig waren (in Leipzig wurde der Rundtanz schon 1511 bei Strafe verboten!). 12 Eine Magd Luthers ist gemeint. 13 Eine betrügerische Magd, die 1541 in Luthers Haus war. 14 Betrüger. 15 gefangen gesetzt. 16 sich betrogen sieht. 17 Georg von Anhalt hatte Luther gebeten, ihn für die bischöflichen Aufgaben im Bistum Merseburg zu ordinieren. Dieser Bitte entsprach Luther am 2. August. 18 Bugenhagen und Melanchthon. 19 Ich kann meinen Zorn nicht länger bezwingen. 20 Vielleicht aus einem Wortspiel entstanden: der Name des Tagesheiligen ist Pantaleon, und allium (lat.) heißt Knoblauch.

87 An seine Frau

Halle, 25. Januar 1546

Meiner freundlichen lieben Käthen Lutherin, Bräuerin und Richterin auf dem Saumarkte[1] zu Wittenberg zu Handen.

Gnad und Friede im Herrn! Liebe Kätha! Wir sind heute um acht aus Halle gefahren, aber sind nicht gen Eisleben kommen, sondern um neune wieder eingezogen[2]. Denn es begegnet uns eine große Wiedertäuferin mit Wasserwogen und großen Eisschollen und dreuet uns mit der Wiedertaufe und hat das Land bedeckt. So können wir auch nicht zurücke für der Mulde zu Bitterfeld[3] und müssen allhie zu Halle zwischen den Wassern gefangen liegen[4]; nicht daß uns danach dürstet zu trinken. Wir nehmen dafür gut Torgauisch Bier und guten rheinischen Wein, damit laben und trösten wir uns dieweil, ob die Saale heute wollte auszörnen, denn weil die Leute und Fährmeister selbst kleinmütig waren, haben wir uns nicht wollen ins Wasser geben und Gott versuchen. Denn der Teufel ist uns gram und wohnet im Wasser[5]. Es ist besser verwahret als beklaget[6], und ohn Not ist, daß wir eine Narrenfreude dem Papst samt seinen Schupen[7] machen sollten. Ich hätte nicht gemeinet, daß die Saal[8] ein solch Bad machen könnte, daß sie über die Steine weg und alles so rumpeln sollt. Itzt nicht mehr. Betet fur uns und seid fromm. Ich halte, wärest Du hier, so hättest Du uns auch geraten, es so zu tun, damit Du siehest, daß wir auch einmal Deinem Rat folgen. Hiemit Gott befohlen. Amen. An Sankt Paulus Bekehrungstag, da wir auch uns von der Saale gen Halle kehreten. 1546.

Martinus Luther D.

1 Luthers Garten am Saumarkt (siehe Brief 72, Anm. 15 in dieser Ausgabe). Daß Käthe ein gutes Hausbier zu brauen verstand, war bekannt. Und „Richterin“ könnte auf ihre uneingeschränkte Herrschaft in Haus und Hof anspielen. 2 Luther war am 23. Januar von Wittenberg nach Eisleben aufgebrochen, wohin ihn die Mansfelder Grafen gebeten hatten, damit er ihre Erbstreitigkeiten schlichten helfe. 3 Hier hatte Luther übernachtet. 4 Vgl. Ps. 137,1. 5 Luther soll während der späteren Überfahrt über die Saale zu Justus Jonas gesagt haben: „Lieber Doktor Jonas, wär das dem Teufel nicht ein fein Wohlgefallen, wenn ich ... mit dreien Söhnen und euch in dem Wasser ersöff?“ 6 Sprichwort. 7 seinem Anhang. 8 Saale.

88 An seine Frau

Eisleben, 1. Februar 1546

Meiner herzlieben Hausfrauen, Katherin Lutherin, Doktorin, Zülsdorferin, Säumarkterin, und was sie mehr sein kann.

Gnad und Friede in Christo und meine arme, alte Liebe und, wie Euer Gnaden weiß, unkräftige, zuvorn. Liebe Käthe! Ich bin ja schwach gewesen auf dem Weg hart vor Eisleben, das war meine Schuld[1]. Aber wenn Du wärest dagewest, so hättest Du gesagt, es wäre der Juden oder ihres Gottes Schuld gewest[2]. Denn wir mußten durch ein Dorf hart vor Eisleben, da viel Juden innen wohnen; vielleicht haben sie mich so hart angeblasen. So sind hie in der Stadt Eisleben itzt diese Stund uber funfzig Juden wohnhaftig. Und wahr ist's, da ich bei dem Dorf fuhr, ging mir ein solcher kalter Wind hinten zum Wagen ein auf meinen Kopf, durchs Barett, als wollt mir's das Hirn zu Eis machen. Solchs mag mir zum Schwindel etwas geholfen haben. Aber itzt bin ich, gottlob, wohl geschickt, ausgenommen, daß die schonen Frauen mich so hart anfechten, daß ich weder Sorge noch Furcht habe fur alle Unkeuschheit.

Wenn die Häuptsachen geschlichtet wären, so muß ich mich dran legen, die Juden zu vertreiben. Graf Albrecht[3] ist ihnen feind und hat sie schon preisgeben[4]. Aber niemand tuet ihnen noch ichts[5]. Will's Gott, ich will auf der Kanzel Graf Albrechten helfen und sie auch preisgeben[6]. Ich trinke Naumburgisch Bier, fast des Schmacks, den Du von Mansfeld mir etwa hast gelobet. Es gefället mir wohl, macht mir des morgens wohl 3 Stühl in dreien Stunden. Deiner Sohnchen[7] sind gen Mansfeld gefahren ehegestern, weil sie Hans von Jena so demutiglich gebeten hatte[8]. Weiß nicht, was sie da machen; wenn's kalt wäre, mochten sie helfen frieren. Nu es warm ist, konnten sie wohl anders tun oder leiden, wie es ihnen gefället. Hiemit Gott befohlen samt allem Hause, und grüße alle Tischgesellen. Am Tage vor Mariae Reinigung 1546. Martin Luther, Dein altes Liebchen.

1 Luther war vor Eisleben ein Stück zu Fuß gegangen und hatte sich dabei erhitzt. 2 In seinem gleichzeitigen Brief an Melanchthon spricht Luther von seiner Erkrankung, ohne dabei die Juden zu erwähnen. „Ein Hinweis darauf, daß die judenfeindliche Haltung des alten Luther durch Frau Käthe geschürt wurde?“ (so fragt E. Jüngel, Im Angesicht des Todes, in: Luther kontrovers, hg. v. H. J. Schultz, 1983, S. 162–172, hier S. 168). 3 Siehe Brief 4, Anm. 4 in dieser Ausgabe. 4 für vogelfrei erklärt. 5 etwas. 6 Luther tat es mit seiner „Vermahnung wider die Juden“, 1546 (WA 51,195 f.), die er vermutlich am 7. Februar (oder später?) im Anschluß an die Predigt gegeben hat. 7 Johannes, Martin und Paul Luther, die ihren Vater nach Eisleben begleitet hatten. 8 d.h. zum Zeitvertreib; siehe Brief 56, Anm. 19 in dieser Ausgabe.

89 An seine Frau

Eisleben, 6. Februar 1546

Der tiefgelehrten Frauen Katherin Lutherin, meiner gnädigen Hausfrauen zu Wittenberg.

Gnad und Fried! Liebe Käthe! Wir sitzen hie und lassen uns martern und wären wohl gern davon, aber es kann noch nicht sein (als mich dünkt) in acht Tagen. Magister Philipps magst Du sagen, daß er seine Postill[1] korrigiere, denn er hat nicht verstanden, warum der Herr im Evangelio die Reichtum Dornen nennet[2]. Hie ist die Schule, da man solchs verstehen lernet. Aber mir grauet, daß allwege in der Schrift den Dornen das Feur gedrauet[3] wird[4]. Darum ich deste großer Geduld habe, ob ich mit Gottes Hulfe mochte etwas Guts ausrichten. Deine Sohnchen sind noch zu Mansfeld. Sonst haben zu fressen und saufen gnug und hätten gute Tage, wenn der verdreusliche Handel tät[5]. Mich dunkt, der Teufel spotte unser, Gott wollt ihn wieder spotten, Amen. Bittet fur uns. Der Bote eilet sehr. An Sankt Dorotheentag 1546.

Martinus Luther D.

1 Melanchthons „Annotationes in evangelia..." (Bemerkungen zu den Evangelien) von 1544. 2 Lk. 8,14. 3 angedroht. 4 Ps. 118,12; Jes. 9,17f.; 10,17; 27,4; 33,12. 5 nicht wäre.

90 An seine Frau

Eisleben, 7. Februar 1546

Meiner lieben Hausfrauen Katherin Lutherin, Doktorin, Säumarkterin zu Wittenberg, meiner gnädigen Frauen zu Handen und Fußen.

Gnad und Friede im Herrn! Liese Du, liebe Käthe, den Johannem[1] und den kleinen Katechismum[2], davon Du zudem mal[3] sagtest: Es ist doch alles in dem Buch von mir gesagt. Denn Du willt sorgen fur Deinen Gott grade als wäre er nicht allmächtig, der da kunnte zehen Doktor Martinus schaffen, wo der eine alte ersöffe in der Saal[4] oder im Ofenloch oder auf Wolfes Vogelherd[5]. Laß mich zufrieden mit Deiner Sorge, ich hab einen bessern Sorger, denn Du und alle Engel sind, der liegt in der Krippen und hänget an einer Jungfrauen Zitzen, aber sitzet gleichwohl zur rechten Hand Gottes, des allmächtigen Vaters. Darum sei zufrieden, Amen.

Ich denke, daß die Helle und ganze Welt musse itzt ledig[6] sein von allen Teufeln, die vielleicht alle um meinenwillen hie zu Eisleben zusammenkommen sind, so fest und hart stehet die Sache. So sind auch hie Juden, bei funfzig in einem Hause, wie ich Dir zuvor geschrieben. Itzt sagt man, daß zu Rißdorf, hart vor Eisleben gelegen, daselbst ich krank ward im Einfahren, sollen aus- und einreiten und -gehen bei vierhundert Juden. Graf Albrecht, der alle Grenze[7] um Eisleben her hat, der hat die Juden, so auf seinem Eigentum ergriffen, Preis gegeben. Noch will ihnen niemands nichts tun. Die Gräfin zu Mansfeld, Witwe von Solms[8], wird geachtet als der Juden Schutzerin. Ich weiß nicht, ob's wahr sei. Aber ich hab mich heute lassen horen, wo man's merken wollte, was meine Meinung sei, groblich gnug, wenn's sonst helfen sollt[9]. Betet, betet, betet und helft uns, daß wir's gut machen. Denn ich heute im Willen hatte, den Wagen zu schmieren[10] in ira mea [in meinem Zorn], aber der Jammer, so mir furfiel meines Vaterlandes, hat mich gehalten. Ich bin nu auch ein Jurist worden, aber es wird ihnen nicht gedeihen; es wäre besser, sie ließen mich einen Theologen bleiben. Komm ich unter sie, ich mocht ein Poltergeist werden, der ihren Stolz, durch Gottes Gnade, kämmen mochte. Sie stellen sich, als wären sie Gott. Davon mochten sie wohl und billig beizeit abtreten, ehe denn ihre Gottheit zur Teufelheit wurde, wie Lucifer geschach, der doch im Himmel fur Hoffart nicht bleiben kunnte. Wohlan, Gottes Wille geschehe.

Du sollst Magister Philipps[11] diesen Brief lesen lassen, denn ich nicht Zeit hatte, ihm zu schreiben, damit Du Dich trosten kannst, daß ich Dich gern lieb hätte, wenn ich könnte, wie Du weißest und er gegen seine Frauen vielleicht auch weiß und alles wohl verstehet.

Wir leben hie wohl, und der Rat schenkt mir zu jeglicher Mahlzeit ein halbstubigen Reinfall[12], der ist sehr gut. Zuweilen trink ich's mit meinen Gesellen, so ist der Landwein hie gut und Naumburgisch Bier sehr gut, ohn[13] daß mich dunkt, es mache mir die Brust voll phlegmate [Schleim] mit seinem Pech. Der Teufel hat uns das Bier in aller Welt mit Pech verderbet und bei

Euch den Wein mit Schwefel. Aber hie ist der Wein rein, ohn was des Lands Art gibt[14].

Und wisse, daß alle Briefe, die Du geschrieben hast, sind anher kommen, und heute sind die kommen, so Du am nähesten Freitag[15] geschrieben hast mit Magister Philipps Briefen, damit Du nicht irrest. Am Sonntag nach Dorotheantag 1546.

Dein Liebichen
Martinus Luther D.

1 das Johannesevangelium (vielleicht auch die von Cruciger bearbeiteten Predigten Luthers über Joh. 14–17). 2 Luther, Kleiner Katechismus (WA 30,1; 239–425). 3 einmal. 4 Saale; siehe Brief 87, Anm. 5 in dieser Ausgabe. 5 Luthers Diener Wolfgang Seberger hatte sich in seinem Garten einen Vogelfangplatz angelegt. 6 leer, frei. 7 alles Land. 8 Dorothea von Mansfeld, geb. Gräfin von Solms (1493–1578). 9 Vermutlich mit seiner „Vermahnung wider die Juden", 1546 (WA 51,195 f.). Diese Erklärung klingt aber durchaus nicht „groblich", und man hat darum vermutet, ein späterer Bearbeiter könnte diesen Text entschärft haben. 10 abzureisen. 11 Melanchthon. 12 einen halben Liter eines im Mittelalter hochgeschätzten Weines aus dem italienischen Rivoglio. 13 nur. 14 wenn auch nur im Rahmen dessen, was hierzulande möglich ist. 15 5. Februar.

91 An seine Frau

Eisleben, 10. Februar 1546

Der heiligen, sorgfältigen Frauen, Frauen Katherin Lutherin, Doktorin, Zülsdorferin zu Wittenberg, meiner gnädigen lieben Hausfrauen.

Gnad und Friede in Christo! Allerheiligeste Frau Doktorin! Wir danken Euch ganz freundlich fur Euer große Sorge, dafur[1] Ihr nicht schlafen kunnt. Denn seit der Zeit Ihr fur uns gesorget habt, wollt uns das Feur verzehret haben in unser Herberge, hart vor meiner Stubentur, und gestern, ohn Zweifel aus Kraft Euer Sorge, hätte uns schier ein Stein auf den Kopf gefallen und zuquetscht wie in einer Mausefalle. Denn es in unserm heimlichen Gemache[2] wohl zween Tage uber unserm Kopf rieselt Kalk und Leimen, bis wir Leute dazu nahmen, die den Stein anruhreten mit zweien Fingern, da fiel er herab, so groß als ein lang

Kissen und einer großen Hand Breit. Der hatte im Sinne, Euer heiligen Sorge zu danken, wo die lieben Engel nicht gehutet hätten. Ich sorge, wo Du nicht aufhörest zu sorgen, es mocht uns zuletzt die Erden verschlingen und alle Element verfolgen. Lehrest[3] Du also den Katechismus und Glauben? Bete Du und lasse Gott sorgen, Dir ist nichts befohlen, fur mich oder Dich zu sorgen. Es heißt: „Wirf dein Anliegen auf den Herrn, der sorget fur dich", Psalm 55[4] und viel mehr Orten.

Wir sind, gottlob, frisch und gesund, ohn[5] daß uns die Sachen[6] Unlust machen und daß Jonas[7] wollt gern ein bosen Schenkel haben, daß er sich an einer Laden ohn Gefahr[8] gestoßen hat. So gar groß ist der Neid in Leuten, daß er mir nicht will gonnen, allein ein bose Schenkel zu haben. Hiemit Gott befohlen. Wir wollten nu fort[9] gern los[10] sein und heim fahren, wenn's Gott wollt, Amen. Am Tag Scholasticae 1546.

Euer Heiligkeit williger Diener
Martinus Luther

1 vor der. 2 Toilette. 3 Lernst. 4 Vers 23. 5 nur. 6 die Verhandlungen. 7 Justus Jonas; siehe Brief 1, Anm. 2 in dieser Ausgabe. 8 zufällig. 9 fortan. 10 frei.

92 An seine Frau

Eisleben, 14. Februar 1546

Meiner freundlichen, lieben Hausfrauen, Frauen Katherin Lutherin von Bora zu Wittenberg zu Handen.

Gnad und Friede im Herrn! Liebe Käthe! Wir hoffen, diese Wochen wieder heimzukommen, ob Gott will. Gott hat große Gnade hie erzeigt, denn die Herrn durch ihre Räte fast alles verglichen haben bis auf zween Artikel oder drei, unter welchen ist, daß die zween Bruder, Graf Gebhart und Graf Albrecht[1], wiederum Bruder werden, welchs ich heute soll furnehmen. Ich will sie zu mir zu Gast bitten, daß sie auch miteinander reden, denn sie bis daher stumm gewest und mit Schriften sich hart verbittert haben. Sonst sind die jungen Herrn frohlich, fahren zusammen mit den Narrenglöcklin auf Schlitten, und die Fräulin auch, und bringen einander Mummenschanz[2] und sind guter

Ding, auch Graf Gebharts Sohn[3]. Also muß man greifen[4], daß Gott ist Exauditor precum [ein Gebetserhörer].

Ich schicke Dir Forellen, so mir die Gräfin Albrechts[5] geschenkt hat, die ist von Herzen froh uber der Einigkeit.

Deine Sohnchen sind noch zu Mansfeld, Jakob Luther[6] will sie wohl versorgen. Wir haben hie zu essen und trinken vollauf als die Herrn, und man wartet unser gar schön und allzuschön, daß wir Euer wohl vergessen mochten zu Wittenberg. So ficht mich der Stein, gottlob, auch nicht an. Aber Doktor Jonas Bein wäre schier quad[7] worden, so hat's Locher gewonnen auf dem Schienbein. Aber Gott wird auch helfen. Solchs alles magst Du Magister Philipps anzeigen[8], Doktor Pommer[9] und Doktor Cruciger[10].

Hie ist das Gerucht herkommen, daß Doktor Martinus sei weggefuhrt, wie man zu Leipzig und Magdeburg redet. Solchs erdichten die Naseweisen, Deine Landsleute[11]. Etliche sagen, der Kaiser sei 30 Meil Wegs von hinnen, bei Soest in Westfalen, etliche, daß der Franzose[12] Knechte annehme, der Landgraf[13] auch. Aber laß sagen und singen, wir wollen warten, was Gott tun wird. Hiemit Gott befohlen, Amen. Zu Eisleben am Sonntag Valentini 1546.

M. Luther D.

1 Gebhard VII. (1478–1558) und Albrecht VII. (1486–1560) von Mansfeld. 2 Maskerade. 3 Von den vier Söhnen Gebhards kommen nur Georg II. (gest. 1546) oder Christoph II. von Mansfeld (gest. 1591) in Frage. 4 begreifen. 5 Gräfin Anna von Mansfeld, geb. von Honstein (gest. 1559), Gemahlin Albrechts VII. 6 Luthers jüngerer Bruder (gest. 1570) war Ratsherr in Mansfeld. 7 schlimm, böse. 8 Melanchthon. 9 Bugenhagen. 10 Siehe Brief 4, Anm. 6. in dieser Ausgabe. 11 die Meißner. 12 Franz I. von Frankreich (gest. 1547). 13 Philipp von Hessen; siehe Brief 34, Anm. 5 in dieser Ausgabe.

Nachwort

Die Herausgabe einer Sammlung von Freundes- und Familienbriefen Martin Luthers scheint noch einmal jenes viel zitierte Diktum Goethes zu bekräftigen, wonach, „unter uns gesagt, … an der ganzen Sache nichts interessant (ist) als Luthers Charakter (,) und es ist auch das einzige, was der Menge eigentlich imponiert. Alles übrige ist ein verworrener Quark, wie er uns noch täglich zur Last fällt“[1]. Soll denn erneut die niedliche (und nicht allein im 19. Jahrhundert kultivierte) Idylle des kraftvoll-urbildhaften Familienvaters, der im Kreise seiner Lieben Laute spielt, heraufbeschworen werden?

An eine Wiederbelebung des genrehaften Lutherkitsches ist jedenfalls nicht gedacht. Ein Interesse an Luthers Charakter läßt sich indes nicht leugnen, sofern man nur dieses „dem Ohr des Volks seltsam lautende Wort“[2] im Sinne der Gebrüder Grimm verstehen will: als „unterscheidendes Merkmal, Kennzeichen, Grundzug“[3] seines Wesens.

Der „Grundzug“ Luthers, sein Charakter, tritt nirgendwo deutlicher vor Augen als in seinen Briefen. In ihnen – und zumal in denen an seine Frau – wird das Unmittelbarste eines Daseins aufbewahrt, das sich ohnehin nie auf Verstellung und Täuschung verstand. Doch gerade in solcher Konzentration auf den ganz „privaten“ Luther zeigt sich, daß der Grundzug seines Daseins im strengen Sinn des Wortes exzentrisch ist[4]. Das Interesse an Luthers Charakter sieht sich immer auch an das verwiesen, woraus und wovon er zu leben glaubte. Wer sich von diesen Blättern verführen läßt, den Briefschreiber auf die verniedlichten Rollen des neckenden Ehemanns, des sorgenden Vaters, des tröstenden Sohnes und Freundes zu reduzieren, und darin nicht

1 An Knebel, 22. August 1817. Goethes Briefe, hg. v. Karl Robert Mandelkow, Bd. 3, Hamburg 1965, 400.

2 Deutsches Wörterbuch von Jacob und Wilhelm Grimm, Bd. 2, Leipzig 1860 (Nachdr. München 1984), 611.

3 Ebd.

4 Vgl. Karl Barth, Lutherfeier 1933, ThExh 4, 1933, 8.

immer auch eine Gestalt seines exzentrischen Wesens erkennt, dem bleibt eine tiefer dringende Einsicht in Luthers Charakter verstellt. Gerade das Eigene, Private und Persönliche in Luthers Dasein steckt voller Hinweise auf seinen „Beruf". Denn das Theologische ist bei ihm immer und überall da: nicht als Ensemble wissenschaftlicher Theoreme, sondern als Mittel und Grund seines Lebens.

In Luthers Briefen spitzt sich vielleicht am schärfsten zu, was für alle seine Schriften gilt: daß alles, was an Theologischem zur Sprache kommt, auf eine je besondere, konkrete Situation bezogen bleibt. Es gibt nur ein einziges Werk von Luther – sein theologisches und literarisches Hauptwerk –, das nicht in diesem Sinn eine Gelegenheitsschrift ist: seine „Biblia, das ist die gantze Heilige Schrifft Deudsch". Für alle anderen Äußerungen Luthers ist der Bezug auf die jeweilige Lebenssituation konstitutiv[5]. Das Private als eine Erscheinungsform seines Berufs und überhaupt das Leben als Bewährungsfeld der Lehre zu verstehen: das ist der Grundzug Luthers, sein Charakter, den die Briefe deutlich werden lassen[6].

„Ich schreib nicht gern Brief", gesteht Luther einmal über Tisch[7]. Und doch hat er, obwohl mit anderen Aufgaben ohnedies überlastet und oft genug auch von Krankheit geplagt, ein recht umfangreiches epistolographisches Œuvre hinterlassen. Über 2500 Briefe haben sich erhalten, und was, zumal aus seinen frühen Jahren, verloren ging, ist schwer abschätzbar.

Die vorliegende Sammlung will aber keinen repräsentativen Querschnitt durch die Vielzahl der Themen und die große, bunte Zahl von Empfängern bieten, sondern beschränkt sich auf die Wiedergabe einiger weniger, das Persönliche und Familiäre betreffende Briefe. Dazu zählen vor allem Luthers Schreiben an die engsten Angehörigen; sie wurden vollständig aufgenommen. An

---

5 Nicht zuletzt dies ist es übrigens, was die Rekonstruktion eines dogmatischen Lehrgebäudes so problematisch macht: daß sich die Lebenskonkretion seiner Theologie jeder systematischen Verrechnung beharrlich entzieht.

6 Vgl. die Studie von Gerhard Ebeling, Lehre und Leben in Luthers Theologie (1983), in: Lutherstudien, Bd. III, Tübingen 1985, 3–43.

7 WAT 2; 414,23 Nr. 2311a (1531).

Vater und Mutter ist jeweils nur ein Brief erhalten: beidemale ein Trostbrief an die auf den Tod Erkrankten, im Abstand von nur einem Jahr[8]. Die drei Briefe an den ältesten Sohn Johannes, der den Vornamen des Großvaters trägt, gehören dazu, und natürlich – gewissermaßen als Kern der Sammlung – die Briefe an seine Frau. Von ihnen sind einundzwanzig auf uns gekommen, und obwohl weit mehr verloren sein dürften und auch kein einziger Gegenbrief erhalten ist, bezeugen sie doch in einzigartiger Weise die herzliche und mit den Jahren eher noch zunehmende Verbundenheit der beiden Ehegatten. Luther wird nicht müde, seine „Kette" wegen ihrer offenbar uneingeschränkten Herrschaft über das ganze Hauswesen zu necken, ihre Sorge um den leichtsinnigen Mann zu verspotten[9] und sich selbst als unterdrückten Ehegatten zu bedauern. „Wie verwöhnte Männer zu tun pflegen" – so Ricarda Huch –, „stellte er sie in seinen Briefen gern als seine Tyrannin hin. Es war eine Tyrannei, bei der er sich wohlfühlte und die ihn entlastete, weil die Frau ihm in praktischen Dingen überlegen war"[10]. Und jedenfalls ist Luthers lebenslang empfundene, einmal geistreich und launig, dann wieder derb und frech, doch in allem liebevoll sich äußernde Zuneigung zu seiner Frau ein anrührendes Zeugnis seiner von jeder gespreizten Heiligkeit freien, durch und durch irdischen Menschlichkeit. Wieviel Witz spricht allein schon aus den von Brief zu Brief wechselnden Anreden und Unterschriften!

Diese Briefe an seine Angehörigen werden ergänzt durch die ersten brieflichen Erwähnungen seiner späteren Frau: zweimal vermeldet er die gelungene Flucht aus dem Kloster[11], und einmal drängt er einen Freund, der sich in Katharina von Bora verliebt hatte, er möge nun schleunigst handeln[12] – vergeblich, wie sich zeigte. Die Einladungsschreiben zu seiner Hochzeit wurden

---

8 Luther hat die Vorrede zu seiner Schrift „De votis monasticis", 1521 (WA 8,573–669), in die Form eines seinem Vater gewidmeten Briefes gebracht. Obwohl er darin auch über Persönliches und Biographisches Auskunft gibt, gehört dieser Text nicht eigentlich zu Luthers Familienbriefen.

9 Nr. 90 und 91.

10 Ricarda Huch, Luther. Mit einem Nachwort von B. Balzer, Köln 1983, 154. (Erstausgabe in der Deutschen Geschichte, Bd. 2, Das Zeitalter der Glaubensspaltung, 1934).

11 Nr. 1 und 2.

12 Nr. 3.

vollständig aufgenommen[13], dazu eine ganze Reihe von Briefen, in denen er Freunden die Erwartung und Geburt, in zwei Fällen auch den Tod eines Kindes mitteilt[14]. Daneben werden ein paar Briefe geboten, die Nachrichten über seine Käthe, die Familie oder ihn selbst enthalten[15]. Gevatterbitten[16] sind ebenso vertreten wie einige Bittschreiben an Fürsten, in denen Luther sich respektvoll – das Formular wird stets beachtet –, aber doch in natürlichem und oft erstaunlich freiem Ton für die Belange von Onkel, Schwager und Nichte verwendet[17]. Von Luthers Trostbriefen – schon zu seinen Lebzeiten (und wohl auch mit seiner Billigung) wurden sie in besonderen Sammlungen veröffentlicht – sind, abgesehen von den schon genannten, wenigstens drei mit aufgenommen[18].

Zu diesen Briefen kommen schließlich sieben Schreiben, die nicht eigentlich Familienbriefe sind und doch auf die persönlichen Verhältnisse und Wesenszüge des Absenders ein je eigenes, erhellendes Licht werfen[19]. Gerade hieran soll aber deutlich werden, daß der vorliegenden Sammlung keine starren Auswahlprinzipien zugrunde liegen. Wer gebotene Briefe für überflüssig erachtet und andere vermißt, möge in Rechnung stellen, daß der Herausgeber in Zweifelsfällen immer auch nach dem eigenen Gutdünken und Geschmack entschieden hat.

Ob Luthers Charakter der Menge imponiert? Ob er in diesen Briefen auch nur sichtbar wird?

Unübersehbar jedenfalls ist in all diesen Blättern seine Lebensfrömmigkeit. Die wahrhaft christliche Einfalt seines Wesens[20] spricht aus jedem Satz, unter denen sich wohl manches Gegensätzliche, aber nichts Undurchsichtiges findet. „Eher wird einem das Maß an Offenherzigkeit zum Rätsel“[21]. Hierher gehört auch

---

13 Nr. 5 bis 16. Auch Nr. 13 wurde aufgenommen, obwohl die Echtheit dieses Briefs umstritten ist.
14 Nr. 17, 19 bis 21, 27 bis 33, 48, 52, 54, 76, 77, 82.
15 Nr. 22, 23, 26, 49, 55, 56, 60, 63 bis 75, 79, 83.
16 Nr. 32, 50, 53.
17 Nr. 24, 25, 61, 63, 70, 71, 81.
18 Nr. 78, 84, 85.
19 Nr. 18, 36, 45, 57, 62, 68, 72.
20 Vgl. Karl Barth, a.a.O., 9f.
21 Gerhard Ebeling, Martin Luthers Weg und Wort, Frankfurt 1983 (it 439), 80.

die ungewöhnliche Vielfalt an Stimmungen, die in seinen Briefen sichtbar wird. Neben todesmüdem Überdruß am Leben stehen Zeugnisse heiterster Gelassenheit und Fröhlichkeit, und fast möchte man auch auf ihn beziehen, was Pastor Lorenzen dem alten Stechlin nachgerufen hat: Nichts Menschliches war ihm fremd, weil er sich selbst als Mensch empfand.

Den exzentrischen Grundzug in Luthers Wesen – von ihm war schon die Rede – bezeugt nicht zuletzt die durchgängige Präsenz der Heiligen Schrift. Daß die Anmerkungen so häufig Anspielungen und Zitate aus biblischen Büchern verzeichnen – sicher nicht alle! –, ist nicht als Ausdruck kleinlicher Gelehrsamkeit zu verstehen, vielmehr als Hinweis auf die Gegenwärtigkeit christlicher Lehre in einem christlichen Leben.

Zu dieser Präsenz gehört für Luther auch – und heutige Leser mag das irritieren –, daß vom Teufel so häufig und so ungeniert die Rede ist. Dieser Geselle scheint zu den innerweltlichen Realien genauso zu gehören wie die Freunde, die Kinder, die Frau – und wie das Walten Gottes. Ob Luther es sich wirklich, wie Goethe meint – noch einmal sei er zitiert –, „bequem macht ... durch seinen Teufel, den er überall bei der Hand hat, die wichtigsten Phänomene der allgemeinen und besonders der menschlichen Natur auf eine oberflächliche und barbarische Weise zu erklären und zu beseitigen“[22]: so kann man fragen. Man müßte dann freilich auch als Ausdruck quietistischer Bequemlichkeit abtun, was in kaum einem der Briefe fehlt: die Bitte an den Empfänger, für Luther und die Seinen zu beten.

Luthers Charakter jedenfalls ist nicht mit biographischen und psychohistorischen Deutungstheorien zu erklären. Man muß ihn als kontingentes Faktum gelten lassen. Und doch lernt man ihn in diesen Briefen als den individuellen, unableitbaren Ausdruck christlicher Freiheit verstehen. Die Humanität des Reformators gründet in der überlegenen – der Welt und sich selbst überlegenen – Gewißheit, aus der er gelebt hat. Noch einmal wird deutlich, wie sehr bei Luther die Lehre dem Leben zugut kam. Vielleicht könnte solche Einsicht gar am Ende helfen – es wäre nicht das Wenigste –, den eingangs zitierten „Quark“ ein wenig zu entwirren.

---

22 Geschichte der Farbenlehre, Hamburger Ausgabe Bd. 14, 5. Aufl., München 1976, 63.

Den ausgewählten Briefen dieses Bandes liegt die Kritische Gesamtausgabe der Werke D. Martin Luthers (Weimarer Ausgabe), Abt. Briefwechsel, 16 Bde., Weimar 1930ff. (WAB) zugrunde. Die Briefe sind chronologisch geordnet, weil jede andere Ordnung – etwa nach Empfängern – mehr Nachteile als Vorzüge böte. Der Leser kann sich aber anhand des Brief- sowie des Empfängerverzeichnisses mühelos die Briefe seines besonderen Interesses zusammenstellen.

Das Verzeichnis der Briefe nennt jeweils Datum und Fundort und gibt an, ob der Brief von Luther in deutscher oder lateinischer Sprache – oder auch, was selten vorkommt, in beiden Sprachen – abgefaßt worden ist.

Die lateinischen Briefe dieser Ausgabe sind vom Herausgeber durchweg neu übersetzt worden. Daß er dabei immer auch frühere Übersetzungen konsultiert hat – allen voran die 2. Auflage der Walchschen Ausgabe (1880–1910) – und ihnen mitunter gefolgt ist, ohne es im Einzelnen zu notieren, versteht sich von selbst.

Die Wiedergabe der deutschen Briefe gestaltete sich schwieriger. Dem Herausgeber lag daran, die sprachliche Gestalt der Briefe zu bewahren, soweit es der allgemeinverständliche Charakter dieser Ausgabe erlaubte. Denn gerade die Eigenarten, Merkwürdigkeiten und Besonderheiten von Luthers Sprache, zu denen sich die Freiheit des individuellen Stils und die Abhängigkeit von der sprachgeschichtlichen Zwischenstellung verbinden, manchen den Ton, die Atmosphäre und den herben – sächsischen – Charme seiner Briefe aus. Wieviel davon verlorengeht, wenn man, aus Rücksicht auf vermeintliche Leserinteressen, den alten Text bedenkenlos modernisiert, machen einige neuere Ausgaben bestürzend deutlich. Das stilistische Gefälle, das in dieser Ausgabe zwischen deutschen und ursprünglich lateinischen Briefen zu verspüren ist, gründet in den genannten Editionsprinzipien und dürfte darum gern in Kauf genommen werden.

Die Sorge um die ursprüngliche Sprachgestalt schließt freilich nicht aus, daß unnötige Leseerschwernisse beseitigt werden. So sind Abkürzungen stillschweigend aufgelöst, die Schreibung von Personen- und Ortsnamen vereinheitlicht, die Interpunktion den heutigen Gepflogenheiten angeglichen und auch die Orthographie modernisiert worden. Während der Formenstand unverändert belassen wurde, schienen mir gelegentliche Änderungen des Lautbestandes (etwa „sämtlich" statt „sämptlich" oder „selbst" statt „selbs") vertretbar zu sein. Rundungen wurden nur ergänzt (etwa „grüßt" statt „grußt"), wenn ihr Fehlen das Verständnis erheblich erschwert hätte. Weitergehende Änderungen (etwa „vor" statt „fur") blieben auf Einzelfälle beschränkt, in denen mir solche Eingriffe unerläßlich schienen. Daß diese Veränderungen des Lautbestandes vom jeweiligen Grad der Verstehbarkeit des alten Textes abhängig gemacht und nicht einfach mit schematischer Sturheit ausgeführt wurden, geschah im Interesse von Textqualität und Lesevergnügen. Die damit ins Spiel kommende Subjektivität schien mir vertretbar zu sein, und wer aus wissenschaftlichen Gründen an einem diplomatisch getreuen Text interessiert ist, wird ja ohnehin zur Weimarer Ausgabe greifen.

Luthers Wortschatz blieb jedoch unverändert erhalten. Hat sich die Bedeutung eines Wortes inzwischen gewandelt oder ist es ganz unverständlich geworden, so bietet eine Anmerkung das entsprechende Äquivalent. Im übrigen wäre es, wenn sich der Sinn eines Satzes nicht schon beim ersten Lesen zu erkennen gibt, nicht das Schlechteste, ihn noch einmal laut zu lesen. Das Nachsprechen einer Sprache, die den Duktus der Sprechsprache so unüberhörbar an sich hat, gehört zu den elementaren Übungen hermeneutischer Propädeutik.

Die ausgewählten Briefe sind vollständig wiedergegeben; wo eine Adresse oder Unterschrift fehlt, entspricht das dem Stand der Überlieferung. Die kursiv gesetzten Angaben zu Ort und Datum stammen vom Herausgeber. Bei den Briefunterschriften wurden die äußere Form sowie die Abkürzungen von Name und Titel beibehalten.

Die Kommentierung der Briefe erhebt keinen wissenschaftlichen Anspruch und begnügt sich mit Angaben zu Personen und Büchern, mit (vorwiegend biblischen) Zitatnachweisen und Worterklärungen. Sie will das historische und biographische Umfeld eines Briefes erhellen, die briefliche Äußerung profilieren und so der Freude am Lesen zugute kommen.

Der Herausgeber weiß sich vielen verpflichtet, die diese Form seines „Umgangs mit Luther" (Ebeling) ermöglicht und erleichtert haben. Der Dank an Herrn Professor Dr. Hans Martin Müller, Tübingen, und Herrn Professor Dr. Theo Schumacher, Tübingen, liegt mir besonders am Herzen.

Zeittafel

1483	10. November Geburt Martin Luthers in Eisleben
1501	Beginn des Studiums an der artistischen Fakultät der Universität Erfurt
1505	Beginn des Studiums an der juristischen Fakultät; Eintritt in das Kloster der Augustiner-Eremiten in Erfurt
1507	Priesterweihe; Beginn des Theologiestudiums
1508/09	Luther wird zur Vertretung einer moralphilosophischen Professur vorübergehend an die – 1502 gegründete – kursächsische Universität Wittenberg versetzt
1510/11	Romreise im Auftrag des Ordens
1511	Endgültige Versetzung nach Wittenberg als Konventsprediger, Subprior der Augustiner-Eremiten (ab 1512), Prediger an der Stadtkirche (ab 1514) und Distriktsvikar des Ordens (ab 1515)
1512	Promotion zum Doktor der Theologie; Übernahme der biblischen Professur
1517	Thesenanschlag; Ablaßstreit
1518	Melanchthon wird an die Universität Wittenberg berufen
1520	Einige der reformatorischen Hauptschriften Luthers erscheinen
1521	Luther vor dem Wormser Reichstag; dem päpstlichen Bann folgt die Reichsacht
1521/22	„Schutzhaft" auf der Wartburg (Übersetzung des Neuen Testaments, andere wichtige Schriften)
1524	Beginn der Auseinandersetzung mit den sog. Schwärmern
1525	Bauernkrieg (14. Mai Schlacht bei Frankenhausen; Thomas Mün(t)zer wird am 27. Mai hingerichtet) 13. Juni: Luther wird mit der vormaligen Nonne Katharina von Bora getraut 27. Juni: Öffentliche Hochzeitsfeier

1526 20. Mai: Geburt des ersten Kindes, Johannes (Hans) (gest. 1575)
1527 10. Dezember: Geburt der Tochter Elisabeth (gest. 3. August 1528)
1527/28 Kirchenvisitation in Kursachsen; die Auseinandersetzung mit Zwingli spitzt sich zu
1529 4. Mai: Geburt der Tochter Magdalena (gest. 20. September 1542)
1530 Augsburger Reichstag; Luther von 16. April bis 5. Oktober auf der Coburg
29. Mai: Tod des Vaters Hans Luder (geb. um 1458)
1531 30. Juni: Tod der Mutter Margarethe geb. Ziegler (?) (geb. um 1463)
9. November: Geburt des Sohnes Martin (gest. 1565)
1533 28. Januar: Geburt des Sohnes Paul (gest. 1593)
1534 Erste Gesamtausgabe von Luthers Bibelübersetzung: *Biblia Das ist die gantze Heilige Schrifft Deudsch*
17. Dezember: Geburt der Tochter Margarethe (gest. 1570)
1537 Luthers Schmalkaldische Artikel (als Vorbereitung auf ein vom Papst nach Mantua ausgeschriebenes Konzil)
Februar: Auf der Rückreise von Schmalkalden lebensbedrohendes Steinleiden Luthers
1539 Erster Band einer Gesamtausgabe der deutschen Schriften Luthers erscheint
1542 August: Luther schickt seinen Sohn Johannes zu Markus Crodel nach Torgau zur Ausbildung
1545 Erster Band einer Gesamtausgabe der lateinischen Schriften Luthers erscheint
1546 23. Januar Abreise nach Eisleben zu Schlichtungsverhandlungen zwischen den Mansfelder Grafen
14. Februar: letzte Predigt Luthers
16./17. Februar: Versöhnung der gräflichen Brüder durch Luthers Vermittlung
18. Februar: Tod Martin Luthers in Eisleben
22. Februar: Beisetzung in der Schloßkirche zu Wittenberg

Kleine Leseliste

Ausgaben:

Martin Luther. Ausgewählte Schriften in sechs Bänden, hg. v. Karin Bornkamm u. Gerhard Ebeling, Frankfurt 1982.

Luther Deutsch. Die Werke Martin Luthers in neuer Auswahl für die Gegenwart, hg. v. Kurt Aland, 10 Bde., Göttingen 1959ff.

Martin Luther, Werke in Auswahl. Unter Mitwirkung von Albert Leitzmann hg. v. Otto Clemen, 8 Bde., Bonn 1912ff.

Martin Luther, Studienausgabe, hg. v. Hans-Ulrich Delius, 6 Bde., Berlin 1979ff.

Luthers Vorreden zur Bibel, hg. v. Heinrich Bornkamm, Frankfurt 1983 (it 677).

Luther im Gespräch. Aufzeichnungen seiner Freunde und Tischgenossen. Nach den Urtexten der Tischreden übertragen und hg. v. Reinhard Buchwald, Frankfurt 1983 (it 670).

Zu Leben und Werk:

Heinrich Bornkamm, Martin Luther in der Mitte seines Lebens. Aus dem Nachlaß hg. v. Karin Bornkamm, Göttingen 1979.

Gerhard Bott, Gerhard Ebeling u. Bernd Moeller (Hg.), Martin Luther. Sein Leben in Bildern und Texten, Frankfurt 1983.

Martin Brecht, Martin Luther. Bd. 1: Sein Weg zur Reformation 1483–1521, Stuttgart ²1983; Bd. 2: Ordnung und Abgrenzung der Reformation 1521–1532, Stuttgart 1986; Bd. 3 in Vorbereitung.

Gerhard Ebeling, Martin Luthers Weg und Wort, Frankfurt 1983 (it 439).

Gerhard Ebeling, Luther. Einführung in sein Denken, Tübingen 1964, ⁴1981.

Gerhard Ebeling, Umgang mit Luther, Tübingen 1983.

Tibor Fabiny, Martin Luthers letzter Wille. Das Testament des Reformators und seine Geschichte, Bielefeld 1983.

Richard Friedenthal, Luther. Sein Leben und seine Zeit, München 1967, ^{10}1983.
Ricarda Huch, Luther. Mit einem Nachwort von Bernd Balzer, Köln 1983 (KiWi 20).
Ricarda Huch, Luthers Glaube. Briefe an einen Freund, Frankfurt 1916, Neuausgabe Frankfurt 1983.
Helmar Junghans, Leben und Werk Martin Luthers von 1526 bis 1546. Festgabe zu seinem 500. Geburtstag, 2 Bde., Göttingen 1983.
Jochen Klepper, Die Flucht der Katharina von Bora. Aus dem Nachlaß hg. und eingeleitet von Karl Pagel, Gütersloh 1978 (GTB 275).
Ulrich Köpf, Martin Luthers Lebensgang als Mönch. In: Kloster Amelungsborn 1135–1985, hg. v. Gerhard Ruhbach, 1985, 187–208.
Ernst Kroker, Katharina von Bora. Martin Luthers Frau; ein Lebens- und Charakterbild, Berlin ^{16}1983.
Walther von Loewenich, Martin Luther. Der Mann und das Werk, München 1982.
Bernhard Lohse, Martin Luther. Eine Einführung in sein Leben und sein Werk, München 1981, ^{2}1982.
Gerhard Müller, Käthe und Martin Luther. In: Gerhard Müller, Zwischen Reformation und Gegenwart. Vorträge, Aufsätze, Predigten, Hannover 1983, 30–41.
Heiko A. Oberman, Luther. Mensch zwischen Gott und Teufel, Berlin 1981.
Hans Jürgen Schultz (Hg.), Luther kontrovers, Stuttgart/Berlin 1983.
Hans Volz, Martin Luthers deutsche Bibel, Hamburg 1981.

Empfänger der Briefe

Agricola, Johann (Schneider, Schnitter) (um 1499–1566)

Studierte 1509/10 in Leipzig, 1515/16 in Wittenberg. Agricola war ein Schüler Luthers und zählte auch zu dessen Freundeskreis. 1525 ging er als Schulmeister in seine Geburtsstadt Eisleben und kehrte 1536 von dort nach Wittenberg zurück. Im Antinomistenstreit (1537ff.) wandte er sich zunächst gegen Melanchthon, dann auch gegen Luther. 1540 vollzog er die Trennung von Wittenberg und ging als Hofprediger nach Berlin, wo er später auch Generalsuperintendent und Visitator der Mark wurde. Bekannt wurde er nicht zuletzt durch Kirchenlied-Dichtungen sowie seine Sammlungen und Erläuterungen deutscher Sprichwörter.

Nr. 17, 22, 52

Albrecht von Preußen (1490–1568)

Markgraf von Brandenburg-Ansbach, letzter Hochmeister des Deutschen Ordens (1511–1525) und Herzog von Preußen. Er stand seit 1521 in Verbindung mit Luther und suchte ihn 1523 auch persönlich auf. 1525 wandelte er das Ordensland Preußen in ein weltliches Herzogtum um und führte dort offiziell die Reformation ein. Die Gründung der Universität Königsberg (1544) entsprang seinem reformatorischen Impetus. Sein ausgedehnter Briefwechsel, seine kompetente theologische Gesprächsfähigkeit sowie die Abfassung geistlicher Lieder und theologischer Bekenntnisschriften erweisen ihn als humanistischen und reformatorischen Fürsten von hohem Rang.

Nr. 61

Amsdorf, Nikolaus von (1483–1565)

Seit 1511 Professor in Wittenberg, 1524 Superintendent in Magdeburg. 1541 wurde er erster evangelischer Bischof von Naumburg-Zeitz, 1547 Superintendent in Eisenach. Amsdorf gehörte zu Luthers engsten Mitarbeitern und zeigte sich in Religionsgesprächen – zumal in Sachen der Rechtfertigungslehre und des

Abendmahlsverständnisses – noch weniger kompromißbereit als der Reformator. Auch im Streit mit Erasmus stand er vorbehaltlos auf der Seite Luthers. Nach dessen Tod wurde er zum härtesten Kämpfer für die unverfälschte Lehre Luthers.
Nr. 15, 26, 32, 48, 77

Baumgärtner, Hieronymus (1498–1565)
Nürnberger Patrizier, seit 1525 Ratsmitglied. In dieser Eigenschaft hatte er an der Einführung der Reformation und der Vertretung der Stadt nach außen maßgeblich teil.
Nr. 3

Brisger, Eberhard (um 1490–1545)
Seit 1508 Augustinereremit in Wittenberg. Letzter Prior des Wittenberger Augustinerklosters, das er (zusammen mit Luther) 1525 an Kurfürst Johann übergab. Danach Prediger in Altenburg. Brisger war mit Luther zeitlebens freundschaftlich verbunden.
Nr. 31

Capito, Wolfgang (Köpfel) (1478–1541)
Studierte in Ingolstadt und Freiburg, erwarb den juristischen und medizinischen Doktorgrad und ging 1512 als Stiftsprediger nach Bruchsal, Basel und Mainz. Von Basel aus kam er mit Erasmus, später auch mit Luther in Verbindung. Als Propst des Straßburger Thomasstiftes (ab 1523) wurde er von Zell und Bucer endgültig für die Reformation gewonnen. Seine theologische Haltung war durch ein starkes Streben nach Ausgleich und Vermittlung geprägt.
Nr. 60

Crodel, Markus (1487–1549)
Studierte in Wittenberg und war seit 1523 Schulmeister, seit 1539 Rektor in Torgau. Von dem Musiker Johann Walter und anderen unterstützt, machte Crodel die Torgauer Schule zu einer der bedeutendsten Lehranstalten des Landes.
Nr. 73–75, 79

Dolzig, Hans von (um 1485–1551)
Stand seit 1502 in kursächsischem Dienst, 1519–1525 Hofmarschall Friedrichs des Weisen. Neben Gregor Brück und Hans

von Minkwitz prägte er bis 1543 die kursächsische Politik. Seit 1521 bekannte er sich zu Luther.
Nr. 12

Ehrenfried vom Ende zu Wolkenburg (vor 1527–1550/57)
Vermutlich Sohn des Ritters Gottfried vom Ende, der zuletzt Landvogt von Pirna war. Der Grabstein Ehrenfrieds befindet sich in der Wolkenburger Kirche.
Nr. 68

Elisabeth von Braunschweig-Lüneburg (1510–1558)
Tochter Joachims I. von Brandenburg und der Elisabeth von Dänemark. 1525 heiratete sie Herzog Erich I. von Braunschweig-Lüneburg. 1538 trat sie zum evangelischen Glauben über und führte nach Erichs Tod (1540) ihr Land der Reformation zu. Elisabeths Briefe und Lieddichtungen bezeugen ihre tief empfundene Frömmigkeit.
Nr. 62

Hausmann, Nikolaus (1478/79–1538)
Predigte bereits 1519 reformatorisch (in Schneeberg) und ging 1521 nach Zwickau. Dort hatte er, obwohl selber von ausgeglichenem, unpolemischem und behutsamem Wesen, den Widerstand der Anhänger Thomas Münzers auszustehen. Nach einem Prinzipienstreit mit dem Zwickauer Rat kam er auf Luthers Einladung hin nach Wittenberg, von wo aus er 1532 als Hofprediger nach Dessau ging. In Zwickau und Dessau wurde er zum Wegbereiter der Reformation. Hausmann gehörte zu Luthers engstem Freundeskreis und hatte ihm bereits 1525 geraten, Visitationen durchzuführen und Katechismen zu verfassen. Er starb 1538 in seiner Heimatstadt Freiberg an den Folgen eines bei seiner Antrittspredigt erlittenen Schlaganfalls.
Nr. 27, 30

Hösel, Georg (gest. nach 1565)
War von 1539–1565 ununterbrochen als Bergschreiber in Marienberg tätig. Sein Sohn Hieronymus wurde im September 1544 in Wittenberg immatrikuliert und starb dort noch im Dezember desselben Jahres.
Nr. 84

Joachim von Anhalt (gest. 1561)

Fürst von Anhalt-Dessau. 1534 führte er in seinem Land die Reformation ein.
Nr. 53, 63

Johann der Beständige (1468–1532)

Der jüngste, u. a. am Wiener Hof erzogene Sohn des sächsischen Kurfürsten Ernst wurde von seinem Bruder Friedrich dem Weisen zur Mitregentschaft herangezogen und trat dann nach dessen Tod im Mai 1525 selber die Regierung an. Er war von Anfang an der Lehre Luthers zugeneigt (schon 1520 hatte ihm Luther eine Schrift gewidmet) und setzte sich nachhaltig für die Belange der Reformation ein. An der politischen Stärkung der protestantischen Partei hatte er wesentlichen Anteil. Nach seinem plötzlichen Tod hielt Luther die Leichenpredigt.
Nr. 24, 25

Johann Friedrich I., der Großmütige (1503–1554)

Sächsischer Kurfürst seit 1532. Er entstammt der ersten Ehe Johanns des Beständigen mit Sophie von Mecklenburg und stand mit Luther von Kind auf in enger Verbindung. Er ließ, dem väterlichen Vorbild entsprechend, eine umfassende Kirchenvisitation durchführen und förderte die Wittenberger Universität. Nach der Niederlage bei Mühlberg kam er in kaiserliche Gefangenschaft und verlor die Kurwürde sowie fast alle seine Länder. Während der Haft verweigerte er alle Zugeständnisse in Glaubensfragen und veranlaßte wegen des Verlustes von Wittenberg seine Söhne zur Gründung einer neuen Landesuniversität in Jena (1548).
Nr. 70–72, 81

Jonas, Justus (Koch) (1493–1555)

Studierte in Erfurt und Wittenberg Jurisprudenz und Theologie. Seit 1521 Propst des Wittenberger Allerheiligenstiftes, kämpfte er mit Luther um eine Reform des Stiftes. Jonas brachte seine juristischen Kenntnisse bei Visitationen, der Abfassung von Kirchenordnungen und Gutachten sowie im Wittenberger Konsistorium zur Geltung. Daneben trat er als Übersetzer von Lutherschriften hervor. 1541 führte er in Halle die Reformation durch und wirkte dort bis 1547 als Superintendent. Jonas war

dem Reformator freundschaftlich verbunden und begleitete ihn auch auf dessen letzter Reise nach Eisleben. Nach Luthers Tod hielt er dort die Leichenpredigt.
Nr. 54, 55, 76, 78, 82

Koppe, Leonhard (gest. 1552)
Vermögender Kaufmann und Ratsherr in Torgau. Er belieferte auch das Kloster Nimbschen bei Grimma und verhalf 1523 einer Gruppe von neun Nonnen, unter denen auch Luthers spätere Frau Katharina von Bora war, zur Flucht aus dem Kloster. Koppe dürfte über seinen Verwandten Nikolaus von Amsdorf, einem der engsten Mitarbeiter Luthers, mit diesem bekannt geworden sein.
Nr. 9, 13

Link, Wenzeslaus (1483–1546)
Augustinereremit, seit 1503 in Wittenberg. 1520 löste er Johann von Staupitz in seinem Amt als Generalvikar ab. 1523 ging er als evangelischer Prediger nach Altenburg, zwei Jahre später nach Nürnberg. Mit Luther war er freundschaftlich verbunden.
Nr. 1, 11, 28, 33

Löser, Hans (gest. 1541)
Kursächsischer Erbmarschall. Luther war mit ihm befreundet und bat ihn 1533 für seinen Sohn Paul zum Paten.
Nr. 50

Luther, Hans (um 1458–1530)
Der Vater Martin Luthers entstammt einer in Möhra ansässigen Bauernfamilie (Luder: erst der Reformator änderte die Namensschreibung in ‚Luther‘). Da er als ältester Sohn nicht erbberechtigt war, wandte er sich dem Kupferbergbau in der Grafschaft Mansfeld zu. Nach einem kurzen Aufenthalt in Eisleben (dort wurde 1483 Martin Luther geboren) gelang es ihm ab 1484 in Mansfeld, eine zunächst ärmliche, dann aber zu bescheidenem Wohlstand aufsteigende Existenz aufzubauen. 1497 wird er Ratsherr in Mansfeld, 1520 Mitglied des inneren Rates. Das Verhältnis zwischen Vater und Sohn war durch Respekt und Herzlichkeit geprägt, wenn man von der vorübergehenden Trü-

bung absieht, die Luthers Ausbrechen aus der erfolgversprechenden bürgerlichen Laufbahn mit sich gebracht hatte.
Nr. 35

Luther, Johannes (1526–1575)
Ältester Sohn des Reformators. Er studierte später Jurisprudenz und wurde Kanzleirat des Herzogs Johann Friedrich in Weimar.
Nr. 40, 58, 80

Luther, Katharina, geb. von Bora (1499–1552)
Stammt aus einer verarmten sächsischen Adelsfamilie, die in Lippendorf bei Borna ansässig war. Fünfjährig kam sie ins Kloster Brehna, später nach Nimbschen bei Grimma. Von dort floh sie 1523 nach Wittenberg und verheiratete sich, nachdem andere geplante Verbindungen sich zerschlagen hatten, im Juni 1525 mit Luther. Aus dieser Ehe gingen sechs Kinder hervor, von denen eines als Säugling starb, ein anderes, Magdalena, mit dreizehn Jahren. Der Haushalt, den Frau Käthe zu versorgen hatte, umfaßte daneben auch noch eine wechselnde, aber meist große Zahl von Gästen, Freunden, Studenten und Bettlern, die im Hause Luther ein kostenloses Unterkommen fanden. Käthe überlebte ihren (16 Jahre älteren) Mann nur um sechs Jahre und starb im Dezember 1552 in Torgau an den Folgen eines Unfalls, den sie wenige Wochen zuvor, vor der Pest aus Wittenberg fliehend, erlitten hatte.
Nr. 34, 37, 41–44, 47, 51, 59, 64–67, 69, 86–92

Luther, Margarethe (um 1463–1531)
Die Mutter des Reformators stammt wahrscheinlich aus der recht wohlhabenden Bauernfamilie Ziegler aus Möhra, dem Geburtsort ihres Mannes Hans Luther. Die Abstammung aus der Eisenacher Bürgerfamilie Lindemann, die ihr gelegentlich zugeschrieben wird, scheint eher auf die Großmutter des Reformators, die Mutter Hans Luthers, zuzutreffen.
Nr. 46

Melanchthon, Philipp (Schwarzerd) (1497–1560)
Studierte in Heidelberg und Tübingen Philosophie und wurde 1518 auf eine Lehrstelle für Griechisch nach Wittenberg berufen.

Dort befreundete er sich rasch mit Luther und wurde, trotz gelegentlicher Differenzen, zu dessen engstem und wohl auch bedeutendstem Mitarbeiter. Bereits 1521 veröffentlichte er eine erste, später vielfach umgearbeitete und erweiterte protestantische Dogmatik („Loci communes rerum theologicarum"). An den Kirchen- und Schulvisitationen, der Ausarbeitung wichtiger lutherischer Bekenntnisschriften sowie den Einigungsverhandlungen mit den Oberdeutschen war er maßgeblich beteiligt. Ein Dissens mit dem alten Luther in der Abendmahlsfrage führte zu einer Entzweiung mit dem Reformator, auf die aber bald eine Aussöhnung erfolgte. Nach Luthers Tod übernahm er die Vormundschaft über dessen Kinder. Melanchthon trat mit zahlreichen theologisch-dogmatischen Schriften hervor und hatte auch an der Edition von Luthers Werken wesentlichen Anteil. Die Einführung der humanistischen Fächer in den Schulen und überhaupt seine Neuordnung des deutschen Schul- und Bildungswesens brachten ihm den Titel des „Praeceptor Germaniae" ein.
Nr. 38, 39

Müller, Kaspar (gest. vor 1546)
Kanzler der Grafen von Mansfeld und Pate von Luthers ältestem Sohn Johannes.
Nr. 7, 54

Osiander, Andreas (1489–1552)
Studierte in Ingolstadt und wurde 1522 erster protestantischer Prediger in Nürnberg (an St. Lorenz). Durch zahlreiche Schriften förderte er die Einführung der Reformation und nahm auch am Marburger Religionsgespräch teil. Nach zunehmenden Streitigkeiten mit dem Nürnberger Stadtrat ging er 1548 nach Preußen und wurde Pfarrer in Königsberg sowie Professor für Theologie an der dortigen Universität, wo es 1550 zu heftigen Auseinandersetzungen mit seinen Kollegen über die Rechtfertigungslehre kam.
Nr. 85

Propst, Jakob (gest. 1562)
War Prior des Augustinerklosters in Antwerpen und studierte 1521 in Wittenberg. Kaum nach Antwerpen zurückgekehrt,

wurde er zweimal verhaftet und floh im Juni 1522 von Brüssel aus nach Wittenberg. 1524 wurde er Pfarrer, später Superintendent in Bremen. Mit Luther war er eng befreundet und stand mit ihm in stetem Briefwechsel.
Nr. 29, 83

Riedesel, Johann von
Kursächsischer Kämmerer.
Nr. 49

Rühel, Johann
Jurist, zunächst Rat Kursachsens, dann der Grafen von Mansfeld, schließlich Berater des Erzbischofs Albrecht von Mainz.
Nr. 5–7, 20

Senfl, Ludwig (um 1490 bis etwa 1555)
In Zürich geboren, kam er als Knabe zu Heinrich Isaac, dem berühmten Hofkomponisten Maximilian I., und wurde 1517 kaiserlicher Kammerkomponist. Nach dem Tod Maximilians blieb Senfl in Augsburg, bis er nach 1519 in den Dienst Wilhelms IV. von Bayern trat. Senfl stand mit den Reformatoren in brieflichem Kontakt, ohne sich doch selbst der neuen Lehre anzuschließen.
Nr. 45

Spalatin, Georg (1484–1545)
Nach Studien in Erfurt und Wittenberg wurde er 1508 Prinzenerzieher in Torgau und war seit 1512 auch für die Wittenberger Schloß- und Universitätsbibliothek, seit 1516 zudem für Kirchen- und Universitätsfragen in der kurfürstlichen Kanzlei zuständig. Als Vertrauter, geistlicher Berater, Hofprediger und Geheimsekretär Friedrichs des Weisen hatte er an der den Reformator schützenden Politik des Kurfürsten wesentlichen Anteil. 1525 wurde er Pfarrer, 1528 Superintendent in Altenburg. Spalatin war mit Luther freundschaftlich eng verbunden und als Visitator auch am Ausbau des evangelischen Kirchenwesens beteiligt.
Nr. 2, 4, 8, 14, 16, 18, 19, 21

Stifel, Michael (1487–1567)

Trat als Augustinermönch in Esslingen bereits 1522 für Luther ein und floh noch im selben Jahr nach Wittenberg. Er wirkte als evangelischer Prediger in Mansfeld, Tollet (Österreich) und Lochau, wandte sich dann aber der Mathematik zu und erhielt 1559 eine mathematische Professur in Jena.
Nr. 10, 23

Thür, Johann (1482 bis nach 1540)

Stand seit 1520 im Dienst der Mansfelder Grafen und war mit Luther befreundet.
Nr. 7

Weller, Hieronymus (1499–1572)

Studierte von 1527 bis 1535 in Wittenberg und war zunächst Lehrer und Mitbewohner in Luthers Haus, später dann Professor der Theologie in Freiberg.
Nr. 57

Verzeichnis der Briefe

In der ersten Klammer sind jeweils Band- und Briefnummer nach der „Weimarer Lutherausgabe. Kritische Gesamtausgabe. Briefwechsel, 16 Bände, Weimar 1930ff." (WAB) angegeben; in der zweiten, ob der Brief lateinisch (l), deutsch (d) oder zweisprachig (l/d) abgefaßt ist.

1. An Wenzeslaus Link, 8. April 1523 (3, 599) (l)
2. An Spalatin, 10. April 1523 (3, 600) (l)
3. An Hieronymus Baumgärtner, 12. Oktober 1524 (3, 782) (l)
4. An Spalatin, 16. April 1525 (3, 857) (l)
5. An Johann Rühel, 4. (5.?) Mai 1525 (3, 860) (d)
6. An Johann Rühel, 3. Juni 1525 (3, 883) (d)
7. An Johann Rühel, Johann Thür und Kaspar Müller, 15. Juni 1525 (3, 890) (d)
8. An Spalatin, 16. Juni 1525 (3, 892) (l)
9. An Leonhard Koppe, 17. Juni 1525 (3, 894) (d)
10. An Michael Stifel, 17. Juni (?) 1525 (3, 895) (l)
11. An Wenzeslaus Link, 20. Juni 1525 (3, 896) (l)
12. An Hans von Dolzig, 21. Juni 1525 (3, 897) (d)
13. An Leonhard Koppe, 21. Juni 1525 (3, 898) (d)
14. An Spalatin, 21. Juni 1525 (3, 899) (l)
15. An Nikolaus von Amsdorf, 21. Juni 1525 (3, 900) (l)
16. An Spalatin, 25. Juni 1525 (3, 901) (l)
17. An Johann Agricola, 21. Oktober 1525 (3, 932) (l)
18. An Spalatin, 6. Dezember 1525 (3, 952) (l)
19. An Spalatin, 2. Mai 1526 (4, 1007) (l)
20. An Johann Rühel, 8. Juni 1526 (4, 1017) (d)
21. An Spalatin, 17. Juni 1526 (4, 1019) (l)
22. An Johann Agricola, 27. Juni 1526 (4, 1022) (l)
23. An Michael Stifel, 11. August 1526 (4, 1032) (l)
24. An Kurfürst Johann, 16. Juni 1527 (4, 1116) (d)
25. An Kurfürst Johann, 16. Juni 1527 (4, 1117) (d)
26. An Nikolaus von Amsdorf, 1. November 1527 (4, 1164) (l)

27. An Nikolaus Hausmann, 14. Dezember 1527 (4, 1183) (l)
28. An Wenzeslaus Link, 29. Dezember 1527 (4, 1189) (l)
29. An Jakob Propst, 31. Dezember 1527 (4, 1193) (l)
30. An Nikolaus Hausmann, 5. August 1528 (4, 1303) (l)
31. An Eberhard Brisger, 29. Oktober 1528 (4, 1345) (l)
32. An Nikolaus von Amsdorf, 5. Mai 1529 (5, 1415) (l/d)
33. An Wenzeslaus Link, 6. Mai 1529 (5, 1416) (l)
34. An seine Frau, 4. Oktober 1529 (5, 1476) (d)
35. An seinen Vater, 15. Februar 1530 (5, 1529) (d)
36. An seine Tischgesellen in Wittenberg, 26. April 1530 (?) (5, 1555) (d)
37. An seine Frau, 5. Juni 1530 (5, 1582) (d)
38. An Melanchthon, 5. Juni 1530 (5, 1584) (l)
39. An Melanchthon, 7. Juni 1530 (5, 1586) (l)
40. An seinen Sohn Johannes, 19. Juni 1530 (5, 1595) (d)
41. An seine Frau, 14. August 1530 (5, 1682) (d)
42. An seine Frau, 15. August 1530 (5, 1683) (d)
43. An seine Frau, 8. September 1530 (5, 1713) (d)
44. An seine Frau, 24. September 1530 (5, 1725) (d)
45. An Ludwig Senfl, 1. (4.?) Oktober 1530 (5, 1727) (l)
46. An seine Mutter, 20. Mai 1531 (6, 1820) (d)
47. An seine Frau, 27. Februar 1532 (6, 1908) (d)
48. An Nikolaus von Amsdorf, 2. November 1532 (6, 1970) (l)
49. An Johann Riedesel, 3. Dezember (?) 1532 (6, 1977) (d)
50. An Hans Löser, 29. Januar 1533 (6, 1997) (d)
51. An seine Frau, 29. Juli 1534 (7, 2130) (d)
52. An Johann Agricola, 7. September 1534 (7, 2136) (l)
53. An Fürst Joachim von Anhalt, 17. Dezember 1534 (7, 2155) (d)
54. An Justus Jonas, 17. Dezember 1534 (7, 2156) (l)
55. An Justus Jonas, 28. Oktober 1535 (7, 2267) (l)
56. An Kaspar Müller, 19. Januar 1536 (7, 2287) (d)
57. An Hieronymus Weller, 5. August 1536 (7, 3056) (l/d)
58. An seinen Sohn Johannes, 27. Januar 1537 (8, 3129) (l)
59. An seine Frau, 27. Februar 1537 (8, 3140) (d)
60. An Wolfgang Capito, 9. Juli 1537 (8, 3162) (l)
61. An Herzog Albrecht von Preußen, 6. Mai 1538 (8, 3225) (d)
62. An Herzogin Elisabeth von Braunschweig-Lüneburg, 4. September 1538 (8, 3257) (d)

63. An Fürst Johann von Anhalt, 22. November 1538 (8, 3276) (d)
64. An seine Frau, 2. Juli 1540 (9, 3509) (d)
65. An seine Frau, 10. Juli 1540 (9, 3511) (d)
66. An seine Frau, 16. Juli 1540 (9, 3512) (d)
67. An seine Frau, 26. Juli 1540 (9, 3519) (d)
68. An Ehrenfried vom Ende zu Wolkenburg, 20. Mai 1541 (9, 3620) (d)
69. An seine Frau, 18. September 1541 (9, 3670) (d)
70. An Kurfürst Johann Friedrich, 17. November 1541 (9, 3690) (d)
71. An Kurfürst Johann Friedrich, 4. Dezember 1541 (9, 3693) (d)
72. An Kurfürst Johann Friedrich, 26. März 1542 (10, 3727) (d)
73. An Markus Crodel, 26. August 1542 (10, 3783) (l)
74. An Markus Crodel, 28. August 1542 (10, 3785) (d)
75. An Markus Crodel, 16. (?) September 1542 (10, 3792) (l)
76. An Justus Jonas, 23. September 1542 (10, 3794) (l)
77. An Nikolaus von Amsdorf, 29. Oktober 1542 (10, 3805) (l)
78. An Justus Jonas, 26. Dezember 1542 (10, 3829) (l)
79. An Markus Crodel, 26. Dezember 1542 (10, 3830) (l)
80. An seinen Sohn Johannes, 27. Dezember 1542 (10, 3831) (l)
81. An Kurfürst Johann Friedrich, 17. März 1543 (10, 3858) (d)
82. An Justus Jonas, 30. September 1543 (10, 3916) (l)
83. An Jakob Propst, 17. April 1544 (10, 3983) (l)
84. An Georg Hösel, 13. Dezember 1544 (10, 4049) (d)
85. An Andreas Osiander, 3. Juni 1545 (11, 4122) (l)
86. An seine Frau, 28. Juli 1545 (11, 4139) (d)
87. An seine Frau, 25. Januar 1546 (11, 4191) (d)
88. An seine Frau, 1. Februar 1546 (11, 4195) (d)
89. An seine Frau, 6. Februar 1546 (11, 4199) (d)
90. An seine Frau, 7. Februar 1546 (11, 4201) (d)
91. An seine Frau, 10. Februar 1546 (11, 4203) (d)
92. An seine Frau, 14. Februar 1546 (11, 4207) (d)